# Quelle est la DIFFÉRENCE entre une action et une OBLIGATION

Louise Parde

# Sommaire

AVANT DE COMMENCER ................................................................... 7
Martine travaille à Wall Street ................................................................ 8

ACTIONS ET OBLIGATIONS (LEUR VIE, LEUR ŒUVRE) ........................ 13
Quelle est la différence entre une action et une obligation ? ................ 14
Aux Urnes, Actionnaires ! Votez ! Votez ! (À l'Assemblée Générale) ........ 18
Action ou Obligation ? Les premiers seront les derniers... .................... 23
Capitalisation Boursière - Il n'y a pas que la taille qui compte ............... 27
Un marché (pas si) secondaire .............................................................. 31
Qu'est-ce qu'une bonne action ? .......................................................... 35
Le Paradoxe des dividendes - À force de «Tiens», plus rien tu n'auras ..... 40
OPA l'abordage ! ................................................................................... 44
Les Obligations de A à D ...................................................................... 48
Garder une obligation n'est pas obligatoire ......................................... 53

## D'AUTRES CHOSES

### (POUR SAVOIR DE QUOI LE MONSIEUR PARLE À LA TÉLÉ) ............ 59

Crowdfunding et Actionnariat Privé (de sortie !) ............ 60

Des alternatives pour investir équilibré ............ 65

La Vente à Découvert - Vendre la peau de l'ours (puis aller chasser) ...... 69

Les produits dérivés - Tricoter n'est pas jouer ............ 73

Les Produits dérivés ? Moi ! Jamais ! ............ 76

Sauf peut-être ceux-là... Les Stock-Options ............ 79

L'Effet de Levier Qu'est-il arrivé à l'ex-fiancé de Rose ? ............ 84

Le Trading à Haute Fréquence ............ 89

## TOUT SUR LES FONDS (EN COMBLES) ............ 97

OPCVM, FCP, SICAV et kyrielle de lettres ............ 98

Choisir son Fonds - Le Syndrome Leroy Merlin ............ 102

Le CAC 40® n'existe pas ............ 107

Gestion Passive ou Active ? Merci pour la recette ! ............ 110

Les Hedge Funds - Mais pourquoi sont-ils aussi méchants ? ............ 114

Qu'arrive-t-il à une société qui sort du CAC 40® ? ............ 118

Frais de Gestion - Paiera bien qui paiera le premier ............ 121

Choisir un Gérant Am Stram Gram, Pic, Dam ! et autres méthodes ....... 126

Les Fonds Ethiques (et tac) ............ 131

**AVANT DE NOUS DIRE ADIEU** .................................................................. 137

Arnaques, Manipulations et Friponneries ............................................... 138

Bienvenue dans la 4e dimension ............................................................. 143

**RÉFÉRENCES** ........................................................................................ 149

# AVANT DE COMMENCER

...

# Martine travaille à Wall Street

On ne va pas se mentir, ou prendre des pseudo-pincettes. Quiconque annonce qu'il travaille dans la finance à une personne du monde normal, souvent lors d'un tour de table à un dîner quand plus personne ne sait de quoi parler, a en général droit à deux réactions (soit l'une soit l'autre, pas les deux en même temps).

Il y a celle du novice ébahi qui pense que c'est très impressionnant et que vous devez être très intelligent (ne serait-ce que pour comprendre l'intitulé de votre poste) mais qu'il ne va pas pousser l'investigation plus loin parce que ça ne va pas aider à ranimer la conversation. J'avoue avoir beaucoup utilisé cette technique du « je te balance un mot que tu ne comprends pas comme ça tu vas peut-être me lâcher parce que ce n'est effectivement pas marrant pour une discussion un vendredi soir ». Ce n'est pas très glorieux, je sais, mais c'est malheureusement vrai.

Et il y a celle du novice méfiant, limite écœuré, qui pense que c'est certainement très impressionnant mais que vous faites partie de la lie de la société et que votre âme s'est perdue à servir le grand démon de l'argent. Ce qui n'est pas systématiquement faux, mais quand même pas toujours vrai non plus. En général, ce type de réaction s'obtient auprès des cinéphiles qui ont éprouvé un plaisir pervers à regarder *Wall Street* (avec Gordon Gekko et son fameux « Greed is Good »[1]) ou *Le Loup de Wall Street* (DiCaprio et ses lancers de nains) ou encore *Martine travaille à Wall*

---

1. La cupidité c'est bien.

*Street* (enfin bref, n'importe quel film avec « Wall Street » dedans et dont le scenario vise rarement à glorifier les salariés de cette industrie).

Bon à savoir, d'autant qu'autour de la table peuvent également se trouver des personnes qui ont une idée un peu plus précise du monde de la finance et qui vous demanderont inévitablement « Mais dans quoi ? »

Ben… je suis buy-side equities, plutôt large cap.

Puis, juste après « Et t'es chez qui ? »

Ben[2]…, là, en ce moment, je suis chez les Machin, comme toi, puisque nous avons été invités, et sinon, dans la journée, je travaille pour…

Et là, il n'y a pas 36.000 réponses possibles ; il n'y en a d'ailleurs qu'une seule, vu qu'on travaille rarement pour plusieurs boîtes en même temps dans ce domaine. Et plus le nom que vous aurez à avancer sera connu, plus vous en imposerez, quelle que soit la réalité, et quelle qu'y soit votre fonction. À la limite, mieux vaut être en charge des plantes (ce que ma grande-tante était persuadée que j'étais mais bon, elle avait Alzheimer) dans The Big Society que Responsable de toute la gestion dans une mini-boîte qui carbure. C'est tellement vrai qu'on en arrive à un point totalement hallucinant où annoncer qu'on travaille chez Goldman Sachs suscite un silence admiratif alors que nous sommes quasiment tous d'accord pour dire que cette société n'est pas le porte-drapeau des valeurs morales de l'Humanité (« Je travaille pour l'Enfer, et mon N+3 est Lucifer lui-même ! Je sais, c'est formidable »).

Je ne vous raconte pas tout cela pour me plaindre. Enfin, un peu quand même, mais parce que si, il n'y a pas si longtemps, personne ne creusait vraiment le sujet une fois que vous aviez répondu, les choses ont un peu évolué (sauf avec ma grande-tante). Alors qu'autrefois il suffisait de n'être ni médecin ni pilote d'avion pour que la conversation ne se concentre pas sur vous et votre profession, les « Financiers » ne bénéficient plus aujourd'hui de la même douce indifférence dans laquelle ils pouvaient se baigner et se reposer une fois sortis de leur bureau.

---

2. Vous noterez à quel point je suis toujours débordante d'enthousiasme quand il s'agit de parler boulot.

Cela a commencé il y a une dizaine d'années, au moment de la crise et des scandales qui ont fleuri à la même époque (les arnaques et autres plans limite apparaissant toujours mieux quand la situation dégénère). Tout à coup, le sujet est devenu suffisamment intéressant pour faire l'objet d'un débat.

Et qu'est-ce que tu penses des taux bas ? (Ils sont bas, et non, je ne sais pas quand ils vont remonter). Et Kerviel, coupable ou pas ? (Je ne bossais pas avec lui). Et Madoff ? (Coupable, mais pas très innovant).

Petit à petit, les questions ont commencé à dériver vers la consultation privée. Et qu'est-ce que tu penses de l'action Poudre de Perlimpinpin ? Perso, rien qu'à cause du nom, je me méfierais, mais c'est ton argent, c'est toi qui vois. Quelle action tu me recommandes ? Je pourrais te le dire, mais après, il faudrait que je te tue alors c'est toi qui vois. D'ailleurs, c'est toujours toi qui vois ! Sauf quand, justement, les gens ne « voient » pas de quoi on parle. Ce que j'ai découvert le jour où l'on m'a (enfin !) posé une vraie question que je vous citerai ici *in extenso* : « Mais au fait, c'est quoi la différence entre une action et une obligation ? ». Je reconnais que ma première pensée a été plus proche de la sidération que de l'enthousiasme pédagogique (d'autant que C., mon interlocutrice, travaillait elle-même dans la « Finance », bien sûr pas sur les marchés, mais quand même…).

Comme c'était au moment de l'apéritif, j'étais encore en mesure de répondre assez clairement, mais il m'est surtout apparu qu'il était peut-être possible d'en parler simplement, sans forcément utiliser des termes *technicompliqués*, et que « les gens » (la populace ignare) avaient raison de se poser de telles questions parce que le sujet ne concerne pas qu'une bande de fadas qui trouvent désopilant de scruter des rapports annuels et des écrans marbrés de chiffres et de ratios incompréhensibles.

Les « marchés » concernent tout le monde. Homme ou femme, petit ou grand, même ceux qui ne veulent pas y toucher et qui occultent que d'autres le font pour eux (et en leur nom). Qu'il s'agisse de votre assurance-vie, de votre plan retraite ou de votre mutuelle ! Vos cotisations ne vont pas directement de votre poche à celles des bénéficiaires. Elles passent par la grande machine à faire de l'argent (ou pas), la bourse.

Vous n'avez pas forcément à savoir comment deviner le prix d'une action (d'autant que, entre nous, c'est très aléatoire, et qu'on aurait besoin d'un bon paquet d'heures, d'un fichier Excel, et d'une pincée d'anglais), mais un petit bagage culturel s'impose.

Alors la question de mon amie C. peut vous sembler naïve et sa réponse peut être évidente pour certains d'entre vous, ce qui est tant mieux (rassurez-vous, elle l'est pour moi aussi) ; mais si c'est votre cas, dites-vous bien que vous n'êtes pas né(e) en la connaissant et que vous avez dû l'apprendre un jour (moi aussi), même si vous ne vous souvenez plus quand.

Elle est surtout la première pierre de tout l'édifice. Celle qui permet de comprendre ensuite pourquoi ce n'est pas très malin de dire, je cite, qu'on va « acheter telle action parce que c'est une bonne société » (R. 35 ans), ou que « cette société doit être cotée en bourse puisqu'elle est de plus en plus grosse » (E. dans les 50 ?).

Aujourd'hui encore, après toutes ces années, je suis convaincue que sa question est la plus intelligente que l'on m'ait posée. C'est donc à C. (et à tous ceux que cela intéresse) que je réponds dans le premier chapitre de ce livre. Mais c'est à C. (et seulement à elle) que je le dédie.

# ACTIONS ET OBLIGATIONS
## (leur vie, leur œuvre)

# (Mais au fait…) Quelle est la différence entre une action et une obligation ?

Ce n'est pas la même chose… Ce qu'en général les gens savent bien, même s'ils ne savent pas vraiment pourquoi.

Les actions et les obligations ont autant de points communs que le poulet et les frites. Les deux se mangent et vont très bien ensemble, mais le poulet et les frites ne sont pas la même chose.

Les actions et les obligations sont deux moyens d'investir votre argent sur les marchés financiers. Ce ne sont pas les seuls, mais ceux auxquels vous aurez le plus facilement accès. C'est en réalité à peu près leur seul point commun, car leur finalité et donc leur fonctionnement sont aussi différents que le sont ceux de la volaille et de la pomme de terre, les deux vous apportant de l'énergie mais pas par le même biais (plutôt des protéines pour la première, plutôt des glucides pour la seconde mais c'est peut-être un peu hors sujet). Bref.

Comme tout un chacun, une société a régulièrement besoin d'argent et a parfois besoin d'emprunter. Comme vous sur le principe. Peut-être un poil plus que vous sur le montant – souvent plusieurs millions d'euros d'un coup ce que je suppose ne pas être votre cas. Pour satisfaire ce besoin fort naturel, la société en question peut se tourner vers son banquier, et ce n'est pas le sujet de ce livre, ou vers d'autres personnes par l'intermédiaire des marchés financiers, ce qui l'est.

Ces autres personnes, ce sont vous et des milliers d'autres : des investisseurs en quête d'un truc dans lequel ils pourraient investir leur argent plutôt que de le laisser dormir sur un LDD[1] ou pire, sous le matelas, cette locution m'ayant toujours laissée perplexe dans la mesure où on dort toujours mieux sur que sous un matelas. Alors vous n'avez certes pas des millions à lui prêter, mais comme le dit le dicton (quitte à balancer des expressions), les petits ruisseaux font les grandes rivières. À vous tous, chacun avec vos économies, vous pouvez atteindre la somme dont elle a besoin. Ce que vous allez faire, lorsque la société lancera son appel à la cantonade sur l'air de « j'ai besoin de cent millions d'euros dans un mois ; je rembourserai ceux qui me les auront prêtés dans 8 ans, et entre temps, pour les faire patienter, je leur paierai des intérêts de 2 % tous les ans ».

Cet appel, aussi émouvant soit-il, n'est pas un ordre. C'est une proposition que vous êtes totalement libre d'accepter ou pas. Personne ne peut vous forcer à accéder à cette requête, pas même votre banquier[2]. En revanche, la société est obligée, elle, de respecter ses engagements (le remboursement, les intérêts, …). D'où le nom, hyper original, d'**obligation**. Elle devra payer les intérêts promis, et bien sûr, rembourser ce qu'elle a emprunté. Si elle ne le fait pas, elle se met dans une drôle de situation qui n'a en fait rien de marrant et dont nous reparlerons un peu plus loin. Mais tant qu'elle respecte sa parole, c'est chacun sa vie. Les prêteurs (les « créanciers ») ne peuvent rien lui reprocher. Ils ne peuvent pas débarquer au siège de la société en hurlant comme des putois qu'elle utilise l'argent prêté comme une nouille.

Ce qu'ont le droit de faire les actionnaires (enfin, peut-être pas au siège même). Parce que la société est à eux.

C'est là toutes la différence entre une action et une obligation. Si la seconde n'est finalement qu'un titre de créance, la première est un titre de propriété : un (tout) petit bout d'une société. Toutes les actions ensemble forment son **capital**. En toute logique, pour savoir dans

---

1. Livret Développement Durable (ex Codevi).
2. Certains États ont pratiqué l'emprunt obligatoire…

quelles proportions, regardez combien vous en avez à vous, combien il y en a en tout dans le capital, et divisez le premier par le second. Vous avez 1 action d'une société qui en a émis 100 : vous en possédez 1 %. Peu importe leur prix, peu importe depuis quand : ici, on ne parle que de leur nombre. Combien d'actions (sur combien) ?

En tant qu'actionnaire d'une société, vous avez le droit de donner votre opinion sur la façon dont elle est gérée, opinion que vous pourrez exprimer clairement, et calmement, lors de l'Assemblée Générale et qui sera d'autant plus prise en compte que vous détenez une part significative.

Vous pourrez notamment donner votre opinion sur ce que la société doit faire de ses bénéfices : doit-elle vous les redistribuer en vous versant des dividendes ou les mettre en réserves pour plus tard ? Pour le coup, une société ne s'engage pas *a priori* à verser de l'argent tous les ans à ses actionnaires (au contraire de l'obligation, si vous suivez toujours). Elle est obligée de payer les intérêts promis sur ses emprunts (obligations), elle ne garantit rien pour ce qui est des dividendes sur ses actions.

## Pour résumer

Une obligation est un titre de créance : la société qui emprunte de l'argent émet des obligations ; ceux qui prêtent l'argent achètent ces obligations. Acheter une obligation, c'est prêter de l'argent. Les intérêts sont la somme que la société s'engage à vous payer régulièrement pendant la durée du crédit que vous – et d'autres – lui accordez.

Une action est un titre de propriété : acheter une action, c'est acheter un bout (du capital) de la société. Les dividendes sont une somme qu'elle peut, si elle a fait suffisamment de bénéfices et ne juge pas pertinent de tout garder, vous verser. Le « *dividend yield* » (rendement du dividende) est le montant de ce dividende divisé par le prix de l'action.

Les actions étant plus risquées que les obligations, on exige d'elles qu'elles rapportent plus. En temps normal et sur le long terme c'est le cas mais il arrive que, temporairement, les obligations soient plus rentables. Maintenant, pour ce qui est du « combien, plus ? », vous entendrez ici ou là que les actions doivent rapporter en moyenne 5 % par an (contre 2-3 % pour les obligations). Pour les unes comme pour les autres, ces chiffres sont surtout de grossières approximations basées sur un passé révolu.

# Aux Urnes, Actionnaires !
# Votez ! Votez !
# (À l'Assemblée Générale)

Nous l'avons vu, les actions sont les petits morceaux qui, pris tous ensemble, forment le capital de la société. Ça ne va pas forcément vous plaire, mais il se trouve qu'une même société peut avoir plusieurs sortes d'actions.

Les **actions « simples »**, basiques, que vous pourrez acheter chez tout bon courtier, et qui reposent sur le principe : 1 action donne droit à 1 vote et à 1 dividende (quand il y en a).

Et **« les autres »** actions[1], à commencer par les actions **« à droits de vote multiples »** qu'on trouve souvent dans les sociétés qui ont longtemps appartenu uniquement à des familles. Un jour, elles ont décidé d'ouvrir leur capital aux investisseurs (en vendre une partie au tout venant, à la bourse). Elles veulent bien que vous donniez votre avis – pas trop le choix non plus, c'est la loi – mais point trop n'en faut non plus. Leur opinion valant, à leurs yeux, plus que la vôtre, elles se réservent le droit de mettre plusieurs bulletins de vote dans l'urne pour chacun des vôtres. On retrouve également ce type d'actions dans les sociétés qui aiment mieux que leurs investisseurs restent sagement là où ils sont. Les actions simples se transforment en actions à droits de vote multiples quand vous les détenez depuis assez longtemps (quelques années) pour qu'on ne vous considère plus comme un vil spéculateur mais comme un investisseur digne de confiance.

1. Terme non officiel.

Vous ne trouvez pas cela juste ? Peut-être, mais c'est comme ça ! Et je peux vous dire que le système a été instauré à la maison. Pitchoune 1 et Pitchoune 2 ont parfaitement le droit de dire qu'ils préfèreraient partir en vacances à St Tropez plutôt qu'à La Baule, il n'empêche que si ma moitié et moi-même pensons que La Baule est mieux (et moins cher), ça ne fait pas deux voix partout, égalité.

Ça fait deux voix de parents contre deux voix d'enfants, et les voix de parents sont à droits de vote multiples avec (au moins !) deux fois plus de poids. Donc, zou ! Direction La Baule ! Et le premier qui râle reste à Paris.

Si vous trouvez inacceptable que la société dont vous êtes actionnaire (simple) se réserve ce type de privilèges, vous n'avez pour l'instant pas d'autre choix que de vendre vos actions et d'aller voir ailleurs si l'herbe est plus verte (ou l'eau plus bleue).

Maintenant, ce n'est pas parce que nous avons méprisé les désirs des mouflets qu'ils seront punis ! Ils seront aussi bien logés, nourris et blanchis que nous[2]. Une action à droits de vote multiples ne donne pas droit à plus de dividendes (pour autant qu'il y en ait)...

Là-dessus, une société peut aussi avoir des **actions à « dividende prioritaire »** qui permettent à leurs détenteurs de percevoir un dividende souvent convenu d'avance et en priorité (d'où le nom). Une société qui ne peut pas verser tous les dividendes promis à ses prioritaires ne peut pas en verser aux actionnaires normaux. Ceux qui possèdent ce type d'actions qu'on dit aussi « privilégiées » (et pour cause) abandonnent généralement leurs droits de vote (faut pas exagérer non plus).

Pour savoir si la société a différentes sortes d'actions, vous devrez lire les statuts. Ce n'est pas marrant, mais c'est écrit dedans. Ou vous pouvez vous demander pourquoi quand vous tapez le nom de l'action que vous visez dans votre moteur de recherche, il y en 3 différentes qui ressortent.

Maintenant que nous sommes à peu près au carré sur le droit de vote, reste à savoir où et quand.

---

2. Parce qu'évidemment, nous les aurons emmenés avec nous. Quand même !

La société dont vous êtes actionnaire organise une grande réunion, l'Assemblée Générale Ordinaire (AGO), au moins une fois par an. Elle ne peut pas y couper, c'est une obligation légale.

Au cours de cette grande fête à laquelle tous les actionnaires sont conviés, les représentants de la société et leurs *guest-stars* feront un discours plus ou moins long (mais en général plus que moins) sur les performances de l'année et sur celles des années à venir. Ce grand raout se termine presque toujours par un buffet pantagruélique auquel toutes les personnes présentes pourront accéder, une fois les traditionnels pique-assiettes qui squattent devant, écartés.

Entre les discours et le buffet, vous aurez droit à votre session de vote. Tels nos amis suisses appelés à se prononcer sur à peu près tous les sujets qui peuvent les concerner, on vous posera une série de questions (les « résolutions ») auxquelles vous pourrez répondre par « pour », « contre », ou « nspp/jeaplmi/jearaf » (ne se prononce pas/j'en ai pas la moindre idée/j'en ai rien à f…).

Si les votes exprimés sont majoritairement « pour », la motion sera validée, sinon, pas… dans la mesure où la résolution est dite « contraignante » (le vote des actionnaires a valeur d'ordre), ce qui concerne tous les sujets à propos desquels la société est légalement obligée d'interroger ses actionnaires (peut-on valider les comptes ? verse-t-on des dividendes ?). Mais toutes les résolutions ne le sont pas, certaines ne sont que « consultatives ». Comprenez : on vous pose la question pour avoir votre avis mais entre nous, même si vous n'êtes pas d'accord, on risque de le faire quand même. Il y a encore très peu de temps, les résolutions concernant la rémunération des dirigeants étaient consultatives et la décision finale revenait au Conseil d'Administration (ou au Conseil de Surveillance, selon la forme juridique choisie par la société), pas aux actionnaires. Ceux-ci pouvaient quand même se venger en votant contre la réélection des administrateurs félons puisque, pour le coup, cette résolution est contraignante depuis plus longtemps. Et toc !

Notez que la liste des questions doit vous avoir été communiquée avant que vous n'entriez dans la salle et ce, pour deux raisons :

Il y fait beaucoup trop sombre pour espérer déchiffrer tout le document et vous n'aurez de toute façon pas le temps de vous décider. Les questions sont un peu plus subtiles que le premier set de *Qui Veut Gagner des Millions*[3] ? donc mieux vaut faire appel à un ami avant l'assemblée.

Tout le monde ne peut pas venir à la cérémonie, ce qui arrange bien la société qui n'a aucune envie de louer Bercy à chaque fois. Les actionnaires qui ne souhaitent pas se déplacer peuvent envoyer leurs votes par La Poste (ou, la technologie se propageant, par Internet).

Le même cérémonial pourra se renouveler dans l'année si la société doit organiser d'autres Assemblées Générales dites « Extraordinaires » (AGE), lorsqu'elle a des résolutions considérées comme « extraordinaires » à soumettre à ses actionnaires (d'où le nom). Les questions ne sont pas les mêmes et impliquent une modification des statuts de la société (typiquement, le nombre d'actions, mais pas que), ce qu'une AGO ne peut pas valider.

Pour peu que les deux Assemblées Générales aient lieu en même temps et, évidemment, au même endroit, on dit que c'est une AGM (Mixte).

Vous aimez les petits fours et guettez les cartons d'invitation à toutes les sauteries auxquelles on pourrait vous convier et pourtant… vous êtes formel, on ne vous a jamais fait signe ?

Ce doit être parce que vous n'êtes pas actionnaire. Ou que vous l'êtes par le biais d'un fonds, auquel cas la société ne peut pas le savoir (et autant vous dire qu'elle s'en fiche). Les droits de vote de ces actions ne sont pas perdus pour autant. Le gérant du fonds va voter, selon une politique de vote établie précédemment – dans les grandes lignes, parce que certaines résolutions peuvent ne pas avoir été prévues – que vous pourrez consulter sur simple demande auprès de votre chargé de clientèle. Si celle-ci ne vous convenait pas, la meilleure chose à faire est de devenir très riche pour avoir votre fonds à vous tout seul. Votre gérant se fera un plaisir de voter tout comme vous voulez (et vous invitera dans les meilleurs restos de la ville).

---

3. Suis-je la seule à trouver bizarre que cette émission s'appelle ainsi alors que le maximum qu'on puisse y gagner c'est 1 million, pas des millions ?

## Pour faire intelligent(e) dans les dîners

En AGO, la majorité est à 50 % des votes exprimés + 1 voix, avec un *quorum* de 20 % (20 % au moins des votes doivent avoir été exprimés).

En AGE, la majorité est à 66,67 % (2/3) des votes exprimés, le *quorum* est de 25 % pour la première convocation (il baisse aux suivantes).

L'AGO a lieu à la date choisie par la société, au plus tard dans les six mois qui suivent la clôture de son exercice. Une société qui a calé son exercice sur l'année civile – cas le plus fréquent – doit organiser son AGO avant le 30 juin de l'année suivante.

Les actions dites « auto-détenues » (c'est-à-dire détenues par la société elle-même) perdent leurs droits de vote et au dividende.

# Action ou Obligation ?
# Les premiers seront
# les derniers...

Vous aimez donner votre avis sur tout même quand on ne vous le demande pas ? Ce n'est pas une raison pour vous jeter sur les actions plutôt que sur les obligations sous prétexte que là, au moins, vous allez pouvoir cancaner.

De manière générale, on considère qu'il est plus risqué d'être propriétaire d'une action que d'une obligation (de la même société), ne serait-ce que du point de vue de la prévisibilité. Avec une obligation, le contrat est clair. Vous savez d'avance ce que la société doit payer, souvent même au centime près lorsque l'obligation est à taux fixe. Avec une action, c'est nettement plus flou...

Il arrive malheureusement que la dure réalité des choses s'impose cruellement à nous et que certaines sociétés fassent faillite. Lorsque cela arrive, il y a tout un tas de choses à régler, dans tous les sens du terme, avant de la voir réellement disparaître.

Ce n'est pas parce qu'une société n'a plus d'argent sur son compte qu'il ne lui reste rien. Elle a des locaux, des bureaux, des stocks, voire même des créances (l'argent que ses clients lui doivent). Tout cela a de la valeur et le liquidateur judiciaire (un émissaire du tribunal de commerce) va voir ce qu'il peut en tirer pour rembourser tous ceux à qui elle devait de l'argent. Et la liste peut être longue. Cela signifie entre autres que le détenteur d'une obligation n'est pas certain d'être remboursé. Il n'est *a priori* pas le seul sur la liste et les remboursements se feront

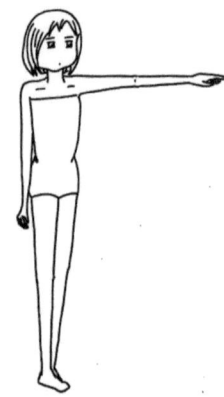
dans un ordre très précis. Devant vous dans la file vous aurez au minimum les salariés (les salaires non payés sont une dette) et, bien sûr, l'État (en même temps, c'est lui qui fait les lois, il aurait été stupide de se mettre en dernier). Vous aurez aussi souvent le banquier qui, petit futé, aura bien pris soin de mettre noir sur blanc dans son contrat de prêt qu'il passerait avant un maximum d'autres (une dette prioritaire par rapport à une autre est dite « senior », l'autre étant « junior »). Rien ne garantit que lorsque votre tour arrivera, il y aura encore quelque chose sur la table, mais comme une obligation est une dette, vous faites au moins partie du premier groupe servi.

S'il reste de l'argent une fois toutes les dettes payées, les actionnaires pourront récupérer ce qu'il reste et se le partager (au *prorata* du pourcentage de détention du capital). Autant vous prévenir tout de suite qu'en général il n'en reste pas beaucoup (voire pas du tout). L'actionnaire d'une société qui met la clef sous la porte est copropriétaire d'une société qui doit de l'argent à tout un tas de personne mais pas à lui (on ne se doit pas d'argent à soi-même). Les actionnaires sont donc toujours les derniers sur la liste.

La bonne nouvelle[1], parce qu'il y en a une, c'est que même si le liquidateur n'arrive pas à réunir assez d'argent pour rembourser tout le monde, personne ne demandera à l'actionnaire d'aligner ce qu'il manque. Dans le cas d'une action achetée sur les marchés, sa responsabilité se limite au montant de son action (qui, sur la fin, vaut dans les 0).

Et quand ça se passe bien ? Quand tout se passe bien-comme-prévu, chacune devrait offrir à son détenteur ce qu'il en espérait. Quand tout se passe bien-super-bien, les prêteurs sont remboursés (ce serait un comble si la boîte les lâchait !) et les actionnaires se gavent.

Cela peut être un peu frustrant pour ceux qui avaient opté pour l'obligation. Un peu comme si vous aviez prêté de l'argent à Steve Jobs (co-fondateur d'Apple) au lieu d'investir avec lui. Il vous aurait rendu

---

1. Enfin… pour les actionnaires, parce que pour les autres, finalement, ce n'est pas une si bonne nouvelle que cela…

votre argent comme promis, mais bon, la belle épopée Apple vous serait passée sous le nez. Avec une obligation, on ne participe pas à la fête quand il y en a une. C'est agaçant, mais c'est le prix à payer quand on a voulu limiter les risques.

Et quand on ne sait pas si ça va bien se passer ? Ou pas ? (Ce qui est toujours le cas, en fait). Dans la réalité, vous choisirez rarement entre une action et une obligation d'une même société. Vous aurez décidé d'avoir un paquet d'actions et un autre d'obligations et, seulement après, vous ferez un tri plus précis. Mais certains investisseurs sont amenés à se poser la question.

À laquelle l'ingéniosité légendaire du monde financier a répondu en inventant une batterie de titres qui auraient un peu le goût des actions et un peu celui des obligations, histoire de convaincre les plus indécis en leur laissant le temps de se décider. Avant de plonger dans cette liste fascinante, laissez-moi préciser que Benjamin Graham (dont le nom ne vous dit probablement rien), qui n'était autre que le professeur et mentor de Warren Buffet (dont le nom vous dit sûrement quelque chose), trouvait ce concept du je-sais-pas-si-j'y-vais-alors-je-prends-un-truc-entre-les-deux profondément débile.

Il y a les ORA (Obligations Remboursables en Actions), qui sont des obligations qui ne seront pas remboursées en argent mais, vous l'avez deviné, petit malin, en actions. Un peu comme quand vous avez prêté de l'argent à votre cousin pour qu'il ouvre un restaurant mais qui vous dit quelques mois plus tard qu'en fait vous l'aviez investi dans le capital (raison pour laquelle il ne vous le rendra pas) et que l'aventure a mal tourné. Sauf qu'avec une ORA, vous êtes prévenu(e) avant, et *a priori*, cela vous convient.

Les OCA (Obligations Convertibles en Actions) qui font tout pareil que les ORA mais seulement si vous le voulez. Quand elles arrivent à leur terme, c'est vous qui décidez si vous préférez l'argent ou les actions. Ça fait un peu jeu télévisé, mais c'est pour de vrai.

Les OBS (Obligations à Bon de Souscription) qui sont et resteront des obligations mais auxquelles est attaché un ticket d'entrée privilégié pour acquérir des actions, à votre convenance.

J'en passe et des meilleures…

Rien n'étant jamais gratuit dans la vie, et certainement pas sur les marchés financiers, sachez que tout petit plus pour vous, qu'il s'agisse d'un bon de souscription ou de la possibilité d'être remboursé quand vous le voulez[2], aura un impact (en moins) sur le taux d'intérêt qui vous sera servi. On ne peut pas avoir le beurre, l'argent du beurre, et la fille de la crémière.

La liste n'est pas exhaustive et ne doit pas vous embrouiller l'esprit. Les actions et les obligations sont deux choses différentes, nous les avons largement décrites dans le chapitre précédent. Les titres hybrides présentés ici jouent sur les deux tableaux mais pas en même temps.

---

2. Certaines obligations peuvent être remboursées à la convenance du créancier (vous) ; d'autres peuvent à l'inverse être remboursées à la convenance de l'émetteur (la société). Dans le premier cas, c'est un avantage pour vous puisque vous avez la main, dans le second, c'est un avantage pour elle et elle devra payer pour. Y a pas de raisons !

# Capitalisation Boursière
# Il n'y a pas que la taille qui compte

---

Sans forcément être un(e) expert(e) de la pâtisserie, j'imagine que vous avez déjà fait un gâteau ou que vous avez au moins une vague idée de la façon de procéder. Vers la fin de la recette, on vous parle en général d'un moule. Si ce n'est pas le cas, c'est que vous êtes en train de faire des crêpes.

Quand vous aurez fini de le préparer, tout(e) seul(e), et que vous aurez rangé la cuisine, tout(e) seul(e)[1], vous le partagerez avec les pignoufs qui vous servent de famille (et qui apparaitront au meilleur moment, comme par magie). Mais passons.

À table.

Pour information, mon gâteau pèse 1 kg et je l'ai découpé en 4 parts (Parent 1, Parent 2, Pitchoune 1, Pitchoune 2), soit 250 g par part. Si chaque part pesait 300 g, le gâteau ferait... 1,2 kg. Logique. De la même façon, une société dont le capital est découpé en 1.000 actions cotées à 10 euros « pèse » 10.000 euros. Pour peu que le prix de ces actions monte à 12 euros, la société pèsera... vous l'avez ! 12.000 euros. Tout aussi logique. Cette petite opération « nombre de bouts x prix (ou poids) de chaque » vous donne la **capitalisation boursière**. La taille du gâteau. À nombre de parts égal, plus le prix (poids) de chaque bout augmente, plus la société (le gâteau) est grosse. Et inversement.

---

1. Les parenthèses sont peut-être inutiles ici.

J'aimerais profiter de l'occasion qui m'est offerte ici pour combattre cette manie que certains ont de comparer la taille de sociétés sur la base du prix de leurs actions. La société Machin n'est pas plus grosse que Truc juste parce que ses actions sont plus chères ! Tout dépend de combien elles en ont chacune.

100 actions à 50 euros, ça fait une capitalisation de 5.000 euros.

1.000 actions à 10 euros, ça fait une capitalisation de 10.000 euros.

50, c'est plus que 10, oui, mais 5.000 c'est moins que 10.000. Et na ! Pour calculer la capitalisation boursière, il faut prendre en compte le prix des actions ET leur quantité.

Tant qu'on en est à parler du nombre... Ce n'est pas parce qu'une société a 1.000 actions (par exemple), que toutes sont disponibles sur le marché. Nous le verrons plus loin, mais une société peut très bien en garder quelques-unes par devers elle. Ou des actionnaires dits « historiques » (qui sont là depuis longtemps souvent parce que la boîte a été créée par leur arrière-arrière-grand-père) en possèdent un petit paquet et n'ont pas l'intention de s'en séparer. Ou que sais-je encore ? Toujours est-il qu'on parle de **flottant** pour désigner justement les actions qui sont réellement accessibles au *quidam*. C'est une notion importante parce qu'il n'est pas toujours très conséquent, et parce que qu'il sert dans le calcul de beaucoup d'indices boursiers (dont nous parlerons plus loin).

Mais revenons au nombre d'actions total. Celui-ci n'est absolument pas immuable. Ce n'est pas parce que vous avez partagé un gâteau en 4 que vous ne pouvez pas le couper en 8 (coupez chaque part en 2, vous verrez). Ce n'est pas parce que le capital d'une société est divisé en 1.000 actions que cette dernière ne peut pas décider que, finalement, ce serait mieux qu'il le soit en 2.000. Ou en 500. Ça marche dans les deux sens et quel que soit le multiple choisi. Cela aura bien entendu des conséquences sur le prix, comme cela en aurait sur le poids d'une part du gâteau.

Lorsque cela arrive, on parle d'OST (Opération Sur Titre), parce que, euh..., on fait une opération (multiplication ou division) sur le titre financier. Est-ce bien utile ?

Ben, oui. Déjà, ça nous occupe. Et accessoirement, cela permet d'élargir le nombre d'investisseurs potentiels. À partir d'un certain prix, une action peut être trop chère pour certains, que ce soit dans l'absolu (il n'a pas l'argent en poche) ou en relatif (s'il l'achète, il ne pourra pas en acheter d'autres, ce qui ruinerait ses efforts de diversification). Un peu comme une bouteille de vin à laquelle vous renonceriez parce que son prix grèverait trop le budget dont vous disposez pour la soirée, vous contraignant à ne prendre qu'une entrée alors qu'un bon repas au resto comprend, par définition, également un repas. Bien conscients que vous n'êtes pas sobre par conviction mais suite à de sévères restrictions budgétaires, les restaurateurs vous proposent souvent de prendre le vin au verre (soit $1/6^e$ de la bouteille). Dans le même esprit, les sociétés dont l'action a atteint des prix rédhibitoires songent régulièrement à en faire des plus petits morceaux, plus accessibles à tout un chacun.

L'opération inverse (regrouper des parts pour qu'elles soient plus grosses) vise aussi à attirer les investisseurs, ce qui peut paraître étrange dans la mesure où plus son prix est bas, plus l'action est accessible. Ici, le problème est plus d'ordre psychologique. Une action qui oscille entre 0 et 1 n'oscille en fait plus beaucoup car elle est trop proche de la frontière maudite (0). Et pour peu qu'elle perde 10 centimes (ce qui n'est pas grand-chose, disons-le), cela fait 10 % sur 1 euro. Bonjour la volatilité de l'action ! Dans ces cas-là, la société procèdera à un « regroupement d'actions ».

Il est possible que quelques plumes se perdent ici et là quand on ne détient pas le bon multiple d'actions ; ce sont plus des coûts de frottement. Décider de faire 4 parts sur un gâteau initialement coupé en 8 est facile quand tout le monde avait 2 parts même si ça fait un peu gros pâté ; ça l'est un peu moins si l'un des gourmands autour de la table en avait 3 au départ parce qu'une fois regroupées, elles se transformeraient en 1 part et demi.

Comme on est sur les marchés financiers et pas à un goûter d'anniversaire, vous ne pouvez pas garder cette demi-part-action. Vous pouvez soit la revendre, soit acheter la demi-part manquante à un autre convive qui est dans la même situation que vous (si vous avez 3 parts sur 8, il y a forcément quelqu'un qui a le même problème puisqu'il reste 5 parts).

Au final, tant que ce ne sont que des scissions ou des regroupements purs, cela ne change rien pour vous, ou pas grand-chose. Avoir 2 actions à 10 euros ou 4 à 5 est aussi transcendant que d'avoir 2 parts d'un gâteau coupé en 8 plutôt qu'1 d'un gâteau coupé en 4. Le gâteau reste le même, mais comme on a changé la taille des parts, on a ajusté le nombre pour que tout reste comme avant. Votre tas d'actions vaut toujours 20 euros. Vous avez toujours un quart du gâteau.

Mais on peut aussi s'amuser à changer la taille du moule, ce qui n'a plus rien d'anodin.

### Pour faire intelligent(e) dans les dîners

Il ne faut pas confondre la capitalisation boursière avec le capital social d'une société – information que vous voyez régulièrement sur le papier à en-tête des sociétés qui vous écrivent. Le capital social correspond à l'argent que les actionnaires ont mis sur la table au moment de sa création.

# Mais qu'est-ce que ça peut bien leur faire ? Un marché (pas si) secondaire

Quand vous achetez une voiture, vous pouvez vous approvisionner à la sortie de l'usine, ou faire un tour sur le marché de l'occasion. Si vous l'achetez directement au fabricant, vous le paierez et repartirez avec votre voiture, l'utiliserez jusqu'à ce que le cendrier soit plein, puis vous en séparerez (je pars du principe ici que vous n'allez pas la casser). Pour cette dernière étape, vous irez sur le marché de l'occasion, et c'est à vous que paiera le propriétaire suivant de Titine. Renault, ou Peugeot/Citroën que sais-je ?, ne sera pas mis dans la boucle.

Pour les actions, c'est pareil. Lorsqu'une société émet de nouvelles actions, elle reçoit de l'argent. Après, ce que ses actionnaires font de ses actions ne la concerne plus. S'ils décident de les garder, il ne se passe de toute façon rien, et s'ils décident de les revendre, ils iront sur le marché de l'occasion (on parle de marché secondaire). C'est d'ailleurs le plus gros marché, vu qu'il y a là toutes les anciennes actions et toutes les neuves qu'on revend pour la première fois.

Vous pouvez vendre quinze fois une même voiture, le fabricant ne recevra son prix qu'une fois ; vous pouvez vendre quinze fois une même action, la société ne percevra l'argent qu'une fois. La première.

Pourquoi, alors, pourriez-vous vous demander, les sociétés se préoccupent-elles du prix de leurs actions ?

Déjà parce que, je vous le rappelle, mises bout à bout, toutes les actions représentent son capital. Plus leur cours est bas, plus il est facile

31

à un petit malin plus ou moins bien intentionné d'en acheter. Voire de les acheter toutes et de devenir l'unique propriétaire (ou au moins un très gros propriétaire impossible à ignorer) pas hyper amical avec les managers en place[1].

Ensuite, parce qu'une société déjà cotée en bourse peut tout à fait vouloir émettre de nouvelles actions. Sauf qu'elle ne pourra pas les facturer 100 euros l'action si les siennes plafonnent à 50. Personne ne voudra jouer. Contrairement à la voiture, le fait que l'action soit neuve ne lui donne pas plus de valeur ! Pour recevoir cette somme d'argent, elle devra en émettre deux fois plus (à peu près parce que les nouvelles actions seront en fait vendues un poil moins cher, genre à 48-49, histoire d'attirer le chaland dans l'opération).

Ben ce n'est pas grave, elle n'aura qu'à le faire ! Oui, bien sûr. Sauf que rien ne dit qu'elle le pourra ! Une société ne peut pas s'amuser à imposer des cohortes de co-investisseurs à ses actionnaires déjà dans la place. Elle doit déjà obtenir leur autorisation (lors d'une AGE – Assemblée Générale Extraordinaire) et le pourcentage d'augmentation est limité. Pour peu qu'ils aient dit oui pour 1.000 nouvelles actions, et qu'elles soient à 50 euros, la société ne pourra pas espérer obtenir plus de 50.000 euros[2]. Un point c'est tout. Et quand bien même elle aurait le droit, ça ne ferait pas forcément hypra plaisir aux actionnaires qui auraient voté « pour » sans bien comprendre de quoi il retournait.

Ce n'est pas un hasard (normalement) si l'action est à 50. C'est parce que le marché estime que la société vaut, disons, 50.000 euros (à partager entre 1.000 actions, ça fait 50 euros par tête de pipe). Certes l'afflux d'argent neuf va certainement permettre à la société d'entreprendre pleins de nouveaux projets, il n'en reste pas moins que les actionnaires qui étaient là avant devront partager avec les petits nouveaux.

---

1. Souvent d'ailleurs heureux bénéficiaires de stock-options qui ont d'autant plus de valeur que le prix de l'action est haut ; c'est le sujet d'un autre chapitre.
2. Et même, plutôt un peu moins.

Ça peut valoir le coup (plus il y a d'ingrédients, plus le gâteau est gros) ; mais ça peut ne pas (ça dépend de ce qu'apportent les convives supplémentaires).

Si une société peut émettre de nouvelles actions, elle peut aussi en éliminer. On dit qu'elle les annule, et elle n'a le droit de le faire qu'avec celles dont elle est propriétaire, sinon c'est de l'extorsion de fonds. Ce faisant, elle diminue le nombre de ses actions et ceux qui restent en lice deviennent propriétaire d'une plus grosse part. Si vous décidez de couper un gâteau en 3 plutôt qu'en 4, chaque part est plus grosse, eh oui. Quand elle fait ça sans toucher à rien (d'autre), c'est plutôt une bonne nouvelle.

Certaines sociétés utilisent ce mécanisme au lieu de verser des dividendes et à première vue, c'est sympa (dans la mesure où vous êtes content d'être actionnaire de ladite société). Ou lorsqu'elles veulent faire passer la pilule lorsque d'autres actions ont été émises par ailleurs[3], et là aussi, l'attention semble délicate. Surtout qu'on nous l'annonce en général sur l'air de « oui c'est vrai on a dû émettre de nouvelles actions pour pouvoir en donner à notre PDG, mais ne vous inquiétez pas braves gens, on en racheté-annulé autant, alors ça ne change rien pour vous ». Sauf que…

Merci de préciser avec quel argent s'il-vous-plaît… Avec celui de la société, dont je suis actionnaire. Alors certes, vous en avez émis 1.000 nouvelles et annulé 1.000 vieilles donc je suis toujours propriétaire de la même part, mais d'une société qui vient de dépenser de l'argent pour l'offrir à ses employés préférés. Cela peut être un usage fort utile, je ne critique pas, mais, si, ça change quelque chose pour moi.

---

3. Genre, quand des stock-options ont été exercées…

# Pour faire intelligent(e) dans les dîners

Les nouvelles actions peuvent sortir de nulle part, mais pas que. Certains titres ont la particularité de pouvoir se transformer en actions, par exemple les Obligations Convertibles en Actions (nous en avons parlé un peu avant). Dans ce cas, la société ne perçoit pas d'argent au moment où les actions naissent, mais elle s'enrichit au moins du montant de l'obligation qu'elle n'a plus à rembourser (argent qu'elle a donc reçu « encore avant »).

La loi limite les rachats/annulation comme les émissions d'actions qui doivent être autorisés par les actionnaires déjà dans la place lors d'une AGE. En cas d'augmentation, ceux-ci bénéficieront normalement d'une période pendant laquelle ils seront prioritaires, ou d'un ticket pour acheter ces actions (sous la forme d'un DPS - Droit Préférentiel de Souscription). S'ils ne souhaitent pas l'utiliser, ils peuvent le revendre à d'autres investisseurs (s'il y en a qui en veulent).

Une introduction en bourse n'apporte pas forcément d'argent à la société. Si elle n'émet pas de nouvelles actions à ce moment-là et ne fait que revendre au grand public celles que ses propriétaires détenaient (ou une part de…), l'argent va dans leur poche à eux.

On reproche souvent au « marché » (implicitement, secondaire) d'avoir un impact majeur sur les sociétés cotées alors que cela ne leur rapporte plus rien. C'est vrai, mais si ce marché secondaire n'existait pas, il y aurait beaucoup moins de monde à vouloir investir à la base. En fait, il a son utilité.

# Qu'est-ce qu'une bonne action ?

Alors celle-là, elle est facile ! Une bonne action, c'est quand vous aidez une vieille dame à traverser la rue et bravez la mort pour l'aider à passer entre les voitures qui déboulent en se fichant éperdument du passage piéton (spéciale dédicace à nos lecteurs parisiens). Question suivante !

Qu'est-ce qu'une bonne action sur les marchés financiers ? Ah, là, vous pouvez lâcher la vieille (peut-être pas au milieu de la rue). Là, c'est une action grâce à laquelle vous gagnez de l'argent. C'est d'une banalité effrayante. Pour ce faire, et pour une personne normale[1], il y a deux façons (complémentaires) :

La plus attendue par à peu près tout le monde (mais en fait pas si systématique) : vous recevez des dividendes.

La plus évidente : vous faites une plus-value. Vous la vendez plus cher que vous ne l'avez achetée ; si vous avez fait le contraire, vous avez fait une moins-value. Vous trouvez une action dont le prix doit selon toute vraisemblance, monter. Vous l'achetez, vous attendez que son prix monte, vous la revendez. Si après ça vous dites que je ne donne pas de bons conseils ! Bon, bien sûr, dans toutes ces étapes il y en a une qui reste du domaine de l'hypothétique, celle où le prix monte.

Le truc, c'est que ne vous ne le saurez qu'**après**. Si vous le savez **avant**, c'est que vous avez des dons de voyance ou que vous êtes intervenus sur la base d'informations privilégiées et que vous êtes coupable

---
1. Nous verrons plus loin qu'il y en a d'autres pour les personnes « pas normales ».

de délit d'initié. Parfois, le prix monte, et parfois pas… et c'est un peu dur à prévoir. Ça ne devrait pas, pourtant. En toute logique, une action n'étant qu'un petit bout d'une société, il suffit de trouver la valeur totale de celle-ci (on dit la « valoriser »), de diviser le tout par le nombre d'actions pour connaître la valeur de chacune d'elles, et de la comparer au prix affiché[2]. S'il est plus bas que la valeur trouvée, c'est une bonne affaire, sinon, non.

Notez bien que dans ce petit jeu de valorisation, le but n'est pas de trouver le « vrai », mais le « bon » prix. C'est le concept du jeu télévisé

« une famille en or ». On ne vous demande pas de trouver la vraie réponse à une question donnée, on vous demande de trouver la réponse que la majorité des gens interrogés donne(ra), très prochainement. Cela peut être très différent. Une action peut bien valoir intrinsèquement 15 euros, si le reste du marché n'est pas prêt à penser comme vous, cela ne vous servira à rien. Nous avons un dicton que je vous conseille de prendre très au sérieux : le marché peut rester irrationnel bien plus longtemps que vous ne pouvez rester solvable. Vous n'imaginez pas le nombre de personnes qui ont parié contre la bulle des sociétés Internet à la fin des années 90… et qui ont dû jeter l'éponge avant que le reste du monde ne tombe d'accord avec eux. Ils avaient raison, mais trop tôt.

Je ne vais pas vous le cacher, la principale méthode de valorisation, dite « d'actualisation des flux » (en réalité on l'appelle par son nom anglais « *discounted cash flows* ») requiert un certain savoir-faire. Elle est basée sur l'idée que la valeur d'une société aujourd'hui dépend des flux (d'argent) qu'elle va générer dans le futur. Techniquement, l'opération n'est pas outrageusement compliquée (un peu, mais nous avons tous de merveilleux classeurs Excel qui font très bien le boulot pour nous). Là où ça coince, c'est que les hypothèses de base concernent quasiment toutes le futur. Quel sera son chiffre d'affaires l'année prochaine ? Et l'année suivante ? Quelle marge ? Toujours la même ? Quels amortissements ?

---

[2]. Si votre pâtissier vous propose une part censée être de 250g, mais que vous devinez qu'elle fait plutôt 300g, c'est une bonne affaire.

Ok, j'arrête, vous voyez ce que je veux dire. Bien sûr, les sociétés nous donnent des indices en communiquant leur opinion (en général, très optimiste). Mais même elles ne peuvent rien nous dire sur l'évolution des taux d'intérêts (qui entrent dans la formule). Alors, certes, le calcul est faisable, mais à partir de quoi ? D'hypothèses. Sur le futur. C'est pour cette raison que cette méthode conduit à autant de résultats qu'il y a de participants – et que les prix ont la manie de changer (vu que certains achètent parce qu'ils pensent que le prix est trop bas, ce qui le fait monter, alors qu'en face il y en a qui pensent le contraire, et qu'ils ne sont pas toujours pile le même nombre des deux côtés de la barrière).

Par précaution, les analystes utilisent en général au moins une autre méthode de valorisation histoire de faire la moyenne.

La plus fréquente, la méthode dite « des comparables » est tellement intuitive que vous l'utilisez sans même connaître son nom. Si dans votre quartier les maisons se vendent à 5.000 euros du mètre carré, vous estimerez que la vôtre en vaut autant (fois le nombre de mètres carrés). C'est simple, c'est rapide, et c'est efficace, à condition que les maisons qui ont servi de référence aient été vendues au juste prix, sinon vous imaginez bien que cela fausse tout. C'est l'éternel problème du relatif : si tout le monde copie sur celui qui s'est trompé, tout le monde a faux, et ça finit toujours par être un problème pour quelqu'un. Pas pour celui qui a vendu sa maison trop chère, mais pour celui qui l'a achetée. La bulle des sociétés Internet, dans les années 2000, vient en partie de l'utilisation déraisonnée de cette méthode. Comme la plupart de ces sociétés ne pouvaient pas être évaluées selon la bonne vieille méthode des flux à venir (et pour cause, la plupart n'avaient pas clairement établi comment elles en génèreraient), beaucoup ont bénéficié de cette comparaison.

Il y a eu comme une erreur à la hausse au début…

Il existe plein d'autres méthodes de valorisation que vous pourrez tester si vous adorez les chiffres, les prédictions et n'avez rien d'autre à faire (ou si c'est votre métier).

Maintenant, une fois que vous aurez fait vos petits calculs, rien ne dit que vous tomberez pareil que les autres… et mine de rien, même si cela ne vous sert à rien d'être d'accord avec les autres parce que vous n'allez pas acheter quelque chose dont vous pensez que le prix est le bon[3] (ce n'est pas très productif sur les marchés), c'est rassurant.

Aurez-vous la force de vos convictions si vos estimations vous amènent à valoriser une action à 200 euros alors que le marché dit qu'elle n'en vaut que 150 ? Aurez-vous le courage de l'acheter contre l'avis de tous ? Sans même vous demander s'il n'y a pas une coquille dans vos calculs, ou pourquoi quelqu'un quelque part est prêt à vous la vendre à 150 ? Est-ce simplement parce qu'il a besoin d'argent maintenant et doit vendre quelque chose (au hasard, des actions) ? Ou est-ce qu'il ne saurait pas quelque chose que vous… pas.

Beaucoup plus facile à dire qu'à faire ! Tout le monde n'est pas John Olson (le seul à ne pas s'être laissé gagner par l'enthousiasme débordant que suscitait la « stratégie » d'Enron[4]). Il aurait bien aimé savoir qu'il serait un jour considéré comme une star quand il s'est fait virer pour cela.

Tout ça pour dire que chercher une bonne action, c'est chercher une bonne affaire : quelque chose qui vaut plus que le prix affiché. De grâce, arrêtez de vous jeter sur les actions des sociétés que vous trouvez géniales. Elles le sont peut-être, sûrement !, mais une bonne société n'est pas forcément une bonne action. Si son prix reflète déjà toute sa *génialitude*, elle ne vous mènera nulle part. Si ce n'est pas dans le prix, allez-y, foncez, et priez pour que les autres finissent par s'en rendre compte bientôt.

Dans la même veine, arrêtez aussi de vous précipiter sur celles que vous avez l'impression de connaître (en général une qui fait des voitures, messieurs…, ou qui fait des parfums, mesdames…). C'est un bon début pour vous en faire une opinion, mais ce n'est pas suffisant.

---

3. Ou quasi-bon : si vous tombez sur une valeur de 15,05 euros alors qu'elle cote à 15, oubliez, ça ne vaut pas le déplacement, surtout compte tenu des risques…
4. Qui a fait faillite en 2001 suite à la découverte d'une fraude comptable d'envergure.

# Pour faire intelligent(e) dans les dîners

Les plus cyniques d'entre nous se demandent encore aujourd'hui si Facebook n'a pas racheté Instagram à prix d'or (à presque 750 millions de dollars, excusez du peu) en avril 2012 pour exploiter la méthode des comparables. Introduite en bourse un mois après (mai 2012), Facebook ne pouvait être comparée à aucune autre société. Cet achat a aidé ceux qui se posaient la question sans trop savoir comment y répondre à valoriser Facebook (à une centaine de milliards de dollars).

Pour la petite histoire, sachez que les analystes les plus en vogue à la grande époque des sociétés Internet clamaient à qui voulait l'entendre que la vieille méthode de valorisation traditionnelle ne fonctionnait pas dans ce nouveau « paradigme » (mot très tendance dans le monde financier). Leur nouvelle méthode non plus apparemment !

Certains se fichent éperdument du prix de l'action et adoptent des stratégies beaucoup plus pragmatiques. Si tout le monde va quelque part, ils y vont aussi, en espérant ne pas être les derniers. Typiquement, un gérant qui voit tout le monde acheter des actions Internet peut se dire, au fond de lui, que c'est débile, mais que tant qu'il y a un autre débile après lui, il est gagnant. Comme ils suivent le mouvement, on parle de « *momentum* » (*in lingua Latina*).

# Le Paradoxe des dividendes
# À force de «Tiens», plus rien tu n'auras...

Pourquoi est-ce que toutes les sociétés ne versent pas de dividendes ? Nous l'avons vu, les dividendes sont l'une des deux sources de gains potentiels pour celui qui a investi dans une action (l'autre étant son prix).

J'entends trop souvent des amis faire l'éloge de telle ou telle société qui a le bon goût de distribuer généreusement des dividendes pour ne pas m'attarder un peu sur le sujet. Compte tenu de l'effet produit sur le péquin de base (ce que certains de mes amis sont effectivement), elles n'ont pas tort puisque cela leur donne une bonne image, donc attire les investisseurs potentiels qu'ils sont… ce qu'une société cotée trouve toujours agréable. Pour une raison étrange, l'investisseur standard a tendance à considérer que plus une société verse de dividendes, meilleur signe c'est. D'un point de vue strictement financier, je peux très bien vous démontrer le contraire.

*Grosso modo*, au moment où la société fait ses comptes, tout le monde se réunit autour d'une grande table dans une très belle salle, et réfléchit (entre autres) à ce qu'on va bien pouvoir faire de tout cet argent amassé. Trois possibilités : le garder pour l'utiliser plus tard, le verser aux actionnaires, un mélange des deux premières.

Si la société a de supers idées d'investissement qui lui permettront de s'enrichir encore plus, elle garde l'argent pour l'utiliser. Après tout, plus une société s'enrichit, plus le prix de ses actions monte, ce qui fait rudement plaisir à ses actionnaires.

Si par contre la société ne voit vraiment pas ce qu'elle pourrait en faire, à part le laisser sommeiller quelque part (ce qui n'est pas son métier, sauf s'il s'agit d'un établissement financier), elle « rend » cet argent excédentaire à ses investisseurs qui se débrouilleront pour trouver ce qu'en faire. Devinez-vous ce que cela implique ? Une société qui reverse tout (ou une large part de) son bénéfice n'a *a priori* pas d'idée transcendante pour l'investir et pense que ses actionnaires sauront mieux le faire fructifier qu'elle ! C'est fort honnête de leur part, mais personnellement, je ne trouve pas cela hyper encourageant. À moins que…

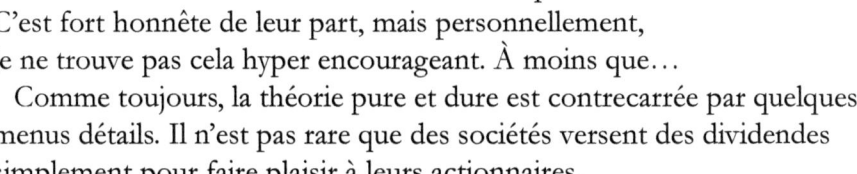

Comme toujours, la théorie pure et dure est contrecarrée par quelques menus détails. Il n'est pas rare que des sociétés versent des dividendes simplement pour faire plaisir à leurs actionnaires.

D'abord, c'est déjà ça de gagné. Un dividende versé est… versé (par définition). L'actionnaire est au moins sûr de cela, au contraire du prix de son action qui, tant qu'elle n'est pas vendue, peut très bien réserver quelques mauvaises surprises (ça s'est déjà vu).

Certains actionnaires sont d'autant plus ravis de cette façon de procéder que cela leur fait une sorte de petit revenu (à condition d'avoir un certain nombre d'actions quand même…). Si cela leur suffit, ils n'ont pas besoin de vendre leurs actions pour récupérer de l'argent alors qu'ils auraient été obligés de le faire si la société ne leur avait pas versé un peu de liquide. On ne peut pas vendre un bout d'action.

Enfin, et surtout, il y a la « force de l'habitude ». À force de voir une société distribuer un certain montant de dividendes tous les ans, les investisseurs ont tendance à considérer cela comme normal. Cela contribue d'ailleurs beaucoup à l'amalgame que certains font avec les intérêts, si réguliers (et contractuellement convenus d'avance au contraire des dividendes). Lorsqu'une société s'avise de modifier ses habitudes, même si elle a une excellente raison de le faire, les actionnaires peuvent être un peu déboussolés, voire inquiets et avoir une réaction violente, ce qui ne réussit jamais à une action.

Bien sûr, tout ceci n'est valable que pour une société qui peut verser des dividendes. Car non seulement elle ne s'y est pas engagée, mais elle peut même être obligée de NE PAS en verser. Si une société s'amuse à le faire alors qu'elle ne va pas bien du tout (elle fait des pertes, c'est la Bérézina), cela peut même lui être vertement reproché (5 ans de prison et 375.000 euros d'amende pour ceux qui auraient pris la décision de verser des dividendes dits « fictifs » puisqu'il n'y avait en réalité rien à distribuer). Au final, la bonne nouvelle est là. Ce n'est pas toujours très malin de verser des dividendes au lieu de garder l'argent empoché, mais cela montre au moins qu'elle en a gagné !

# Pour faire intelligent(e) dans les dîners

Le « **Bénéfice distribuable** » dans lequel la société peut taper pour vous verser des dividendes est constitué, selon l'article L232-11 du Code du Commerce, du bénéfice réalisé dans l'année et des réserves (la part des bénéfices des années précédentes qui aura été mise de côté). Une société qui a fait des pertes une année mais avait plein de sous en réserve des années précédentes a donc le droit de verser des dividendes. Les sanctions en cas de « Dividendes Fictifs » sont rappelées par l'article L232-12 du même Code.

Le **Taux de distribution** (*Pay-Out Ratio* en anglais) correspond à la part du bénéfice que la société verse à ses actionnaires. Si elle ne verse aucun dividende, le Taux de distribution est de 0 % ; si elle reverse tout le bénéfice, il est de 100 %. Entre les deux, une infinité de possibilités.

Une société qui décide de garder tous ses bénéfices pour les réinvestir au lieu d'en reverser une partie aux actionnaires peut être victime du syndrome dit de « *Daddy-knows-best* » (« Papa-sait-mieux »). Elle ne distribue rien de ses bénéfices parce qu'elle pense mieux savoir quoi faire de cet argent que ses actionnaires.

Pour la petite histoire, Microsoft n'a versé son premier dividende qu'en 2004, sous la pression de ses actionnaires qui trouvaient qu'elle accumulait vraiment trop de cash dans ses coffres.

# OPA l'abordage !

Toutes les sociétés cotées en bourse souffrent, dans une certaine mesure, de schizophrénie hollywoodienne. Elles adorent qu'on s'intéresse à elles – en particulier à leurs actions, histoire d'en faire monter le prix – mais point trop n'en faut non plus. L'investisseur idéal est plus proche du cinéphile averti que du fan harceleur.

La raison est simple : une action étant un titre de propriété, le collectionneur obsessionnel pourrait, en lui supposant les moyens financiers suffisants, chercher à toutes les acquérir. D'abord en cachette, petit bout par petit bout, puis lors d'un assaut final : une Offre Publique d'acquisition, qui comme son nom l'indique, ne peut plus être secrète puisqu'elle est publique (un secret public n'est plus un secret).

Légèrement galvaudé, le terme d'OPA ne désigne que l'une des possibilités, le 'A' désignant « Achat » et pas « Acquisition ». La différence est subtile mais a son intérêt pour vous, actionnaires, car il signifie que la société attaquante vous proposera de vous acheter vos actions contre de l'argent sonnant et trébuchant. Ça a l'air évident, dit comme ça, mais ce n'est pas sa seule option. Elle aurait tout aussi bien pu opter pour une OPE – une Offre Publique d'Échange – par laquelle elle n'aurait pas acheté vos actions, mais vous les aurait échangées contre un certain nombre des siennes, selon les cours des unes et des autres. Si son action vaut dans les 50 euros et celle de la société qu'elle vise (celle dont vous êtes actionnaire, j'espère que vous aviez compris) dans les 10, ça ne va pas être du 1 pour 1 (ça tournera plus autour du 1 pour 5…). Et histoire de faire simple, elle peut même opter pour un mélange des deux (un peu d'argent et un peu de ses actions) en faisant une Offre Mixte.

Dans le cas de l'OPA, vous sortez du jeu, avec des billets en poche. Dans le cas de l'OPE, vous continuez à jouer en tant qu'actionnaire du nouvel ensemble. À condition, bien sûr, que vous acceptiez son offre et « apportiez » (c'est le terme) vos actions à l'opération.

Quelle que soit la forme adoptée, une Offre Publique peut tout à fait être amicale, auquel cas le management de la société visée à qui on a promis qu'il conserverait un bon poste est de connivence avec les assaillants et vous encouragera à y participer. Quand tout le monde a l'air surpris par l'annonce, c'est que l'OPA (OPE, …) est hostile. Le management n'a pas été prévenu et ne s'est manifestement pas inquiété de la montée progressive d'un investisseur dans son capital. Car pour éviter les raids-surprise façon « Tempête du Désert », l'AMF[1] a fixé des seuils de détention (du capital et des droits de vote) qui, s'ils sont franchis ou en mesure de l'être, doivent donner lieu à déclaration. Coucou ! Je m'appelle Machin et, pour votre information, je détiens 5 %, 10 %, 15 % (cochez la case correspondante) de votre capital. L'investisseur doit même, si le seuil franchi est de 10 %, énoncer ses intentions (« je rachète tout ça parce que je vous trouve très beau » ou « je rachète tout ça mais ce n'est qu'un début… »). Arrivé à 33,33 % (un tiers, pour ceux qui trouveraient le chiffre bizarre), on arrête de jouer, il doit déposer un projet d'offre publique, je cite, « en vue d'acquérir une quantité déterminée des titres de la société ».

Peu emballé par la perspective de perdre son boulot, le management clame alors sur tous les plateaux télévisés et toutes les estrades d'Assemblées Générales que l'entreprise n'a besoin de personne, que le prix proposé est une honte (quand il l'est vraiment, l'AMF déclare l'offre irrecevable) et que vous auriez tort, pauvres actionnaires crédules que vous êtes, d'y participer.

1. Autorité des Marchés Financiers – le gendarme de la bourse en France.

Car le cœur du problème – pour eux – est là. Une fois cotées en bourse, les actions sont la propriété des actionnaires qui les détiennent. L'entreprise ne peut rien faire pour vous empêcher de les vendre à qui vous voulez – y compris à un attaquant. Au passage, personne ne peut non plus vous y obliger… sauf à ce que vous soyez l'un des derniers résistants à en détenir. Quand la société attaquante a réussi à acquérir 95 % du capital, le retrait est obligatoire pour les 5 % restants (OPRO : Offre Publique de Retrait Obligatoire). Cela permet à l'entreprise de ne pas rester cotée en bourse pour une poignée d'actionnaires récalcitrants. Ou partis vivre sur une île déserte. Ou morts.

Est-ce à dire qu'une société est totalement désarmée face à ce genre d'attaques ? Que nenni ! Elle dispose de tout un arsenal pour se protéger. Ou au moins mettre des bâtons dans les roues de son assaillant.

Au risque d'énoncer une évidence, si une société ne veut pas qu'un investisseur malintentionné la rachète, le mieux est encore de ne pas laisser ses actions en libre-service – de ne pas les coter en bourse. Ou au moins pas toutes. Une société qui s'introduit en bourse n'est absolument pas obligée de mettre tout son capital sur le tapis, à la disposition du tout-venant. Une partie du gâteau peut rester dans les mains de l'actionnaire historique (celui qui a créé la société) ou même dans les siennes. Une société peut tout à fait détenir des actions, *a fortiori* les siennes… ce qu'en général elles ne se privent pas de faire notamment pour faire face à ce genre de crise[2]. Les actions auto-détenues par une société perdent leurs droits de vote et au dividende.

Si ce système n'empêchera personne de s'accaparer les actions disponibles sur le marché (le flottant), il a le mérite de modérer les ardeurs belliqueuses des ennemis. Si vous savez que vous ne pourrez jamais acheter plus que le salon, vous évitez de vous lancer dans l'acquisition hostile d'un appartement. Au pire, si l'attaquant arrive à acheter tout le paquet, c'est que l'entreprise est d'accord, donc que l'offre n'est plus si hostile que ça.

---

2. Ou pour avoir des actions à aligner en face de ceux qui lèveraient leurs stock-options.

Le cas échéant, si la société n'a pas pensé à se garder assez d'actions dans la poche, elle peut toujours en créer de nouvelles, histoire de faire grossir la facture.

Parfois ce n'est pas tant de se « faire racheter » qui pose problème, mais de « se faire racheter par Truc », Truc étant l'incarnation du Mal. Les cibles qui ont une dent contre leur assaillant peuvent appeler à l'aide un Chevalier Blanc. Un peu comme les Gaulois préféraient encore se farcir les Romains que se faire envahir par les Alains, ou Paribas appelant à l'aide la Société Générale quand BNP a lancé son offensive. Parfois ça marche – le fait est que notre langue tire beaucoup de ses racines du latin ; parfois pas – si la société s'appelle aujourd'hui BNP Paribas et pas Paribas Générale, c'est bien que…

En désespoir de cause, il reste la stratégie du « Perdu pour perdu, autant pourrir le bébé ». Il y a celle dite de « Pac-Man » (l'image n'est pas de moi) où la société rachète tout ce qui passe au détour du couloir, idéalement à prix d'or pour bien faire monter son niveau de dettes ; mais également celle de la « coquille vide » où elle cède à qui mieux mieux tout ce qui faisait son charme (et ce qui a attiré l'attaquante). Telle une poule qui ne pouvant rien faire face à son fermier s'arrangerait pour que ses œufs n'aient plus de jaune. C'est mesquin, mais ça fait du bien.

Vous me direz, ils l'ont bien cherché, on ne leur a rien demandé. Oui, certes, mais « on » qui ? Parce que si la nouvelle d'une OPA hostile est souvent mauvaise pour le management, elle ne l'est pas forcément pour les actionnaires. L'attaquante n'est pas stupide, et sait pertinemment que la meilleure façon de vous inciter à lui apporter vos actions, c'est de vous en proposer un bon prix. C'est pour cette raison qu'autant d'OPAs sont de véritables succès. Certains fonds d'investissement se sont spécialisés dans le domaine. Ils scrutent les entreprises dans l'espoir de repérer celles qui seraient susceptibles d'être des cibles pour en acheter des actions, justement pour pouvoir les apporter à une attaquante qui aurait le bon goût de se manifester.

# Les Obligations de A à D

Nous l'avons vu au début de ce livre, une obligation n'est rien d'autre qu'un crédit. Acheter une obligation, c'est prêter de l'argent. À qui ? Cela peut être à une entreprise, auquel cas on parle de marché des « *Corporate* »[1] ; à une organisation supranationale ou un État, marché des Souverains même quand l'État en question est une république ; ou à un établissement de crédit (par exemple, une banque).

Les obligations sont des produits dits « de Taux » (comme « taux d'intérêt », tout bêtement), cotés en bourse. Vous pourrez donc, au moins sur le papier, en vendre ou en acheter assez facilement, même si ce ne sera pas forcément exactement celle que vous visiez au départ.

Le marché des Taux est vaste, très vaste, beaucoup plus que celui des actions. Déjà parce qu'il y a plus de joueurs : une société peut parfaitement émettre des obligations sur le marché sans être elle-même cotée, ce n'est pas lié. Et chacune d'entre elles peut le faire (et le fait) à plusieurs reprises. Une société peut avoir un ou deux types d'actions, et facilement cinq ou six obligations différentes.

Mais il est beaucoup moins liquide… Les « investisseurs » achètent et revendent souvent leurs actions avec une frénésie qui dans un autre contexte alerterait tout neurologue digne de ce nom alors qu'il n'est pas rare qu'une personne achète une obligation et attende qu'elle arrive à son terme tranquillement (ce qui dure en général quand même quelques

---

1. Qui ne veut rien dire d'autre que « société », en anglais.

années). Et pendant ce temps, ben, vous ne pouvez pas l'acheter. Puisqu'elle n'est pas en vente.

D'ailleurs, puisqu'on en est à parler du temps (qui passe, pas qu'il fait), sachez que les produits monétaires aussi font partie de la grande famille des produits de Taux et que la différence avec les produits obligataires n'est rien d'autre que cela : la durée.

Si c'est du court terme (en principe jusqu'à 1 an, mais certaines personnes vont jusqu'à 2) : c'est du monétaire.

Si c'est plus long : c'est de l'obligataire.

Transcendant.

Compte tenu de la courte durée du monétaire, les étapes typiques « la société emprunte, paie des intérêts tous les ans et finit par rembourser » ont tendance à se chevaucher pour devenir « la société emprunte et… oh bah c'est déjà fini, elle rembourse et paie les intérêts en même temps ».

Le fait que les obligations aient une date de péremption (leur date d'échéance) implique que vous pouvez attendre gentiment que votre obligation arrive à son terme, contrairement à une action que vous pouvez théoriquement détenir *ad vitam aeternam* (tant que la société existe) et dont le « terme » est rarement annonciateur de bonnes nouvelles. Dans la mesure où vous vous êtes porté volontaire pour prêter de l'argent à des conditions qui *a priori* vous convenaient, une bonne obligation n'est jamais qu'une obligation qu'on vous rembourse et qui vous paie les intérêts comme promis. Mine de rien, ce n'est pas forcément gagné. Il arrive, ici et là, qu'un émetteur fasse défaut et ne puisse pas ou ne veuille pas honorer ses engagements envers vous. Ce qui revient à peu près au même pour vous.

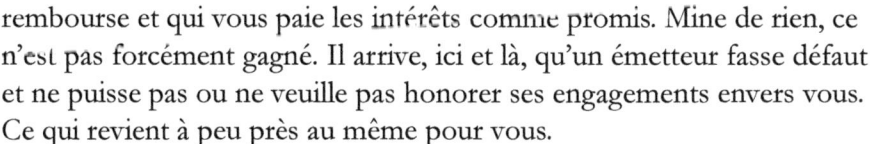

Pour se faire une idée du risque que l'on prend avec une obligation donnée, on peut se paluche les comptes de l'émetteur ou… se fier aux agences de notation (les Standard & Poor's, Moody's, Fitch…) dont vous avez forcément déjà entendu parler après la charge qu'elles ont reçue.

On les soupçonne, en vrac, de manquer d'objectivité puisqu'elles sont payées par ceux qu'elles notent ; de faire preuve d'un patriotisme malvenu en dégradant les notes des autres pays plus facilement que celle du leur ; de mal payer leurs analystes qui ne seraient pas l'élite du marché (ce dernier point étant difficile à évaluer) ; je pourrais continuer...

Les agences de notation attribuent des notes à qui mieux mieux, et pas pour faire joli : chaque note traduit *in fine* la probabilité que vous perdiez vos sous. Plus cette dernière est élevée, plus l'emprunteur devra trouver des arguments (financiers) pour vous convaincre de lui prêter de l'argent. C'est normal ! Plus votre banquier vous trouve risqué, plus il vous fera payer votre crédit. C'est pareil pour une société (même concept, même raisonnement).

Toutes ces agences n'ont pas la même grille de notation et toutes n'en ont pas qu'une. Chez la plus connue, Standard & Poor's, les notes vont de AAA (la meilleure) à D (la pire) pour les perspectives à « long terme ». Au fur et à mesure que vous égrainez l'alphabet, vous descendez dans la grille de notation et les risques augmentent (et pas de façon linéaire[2]).

À AAA, la probabilité qu'elle fasse défaut au moins dans un futur proche est *a priori* très faible (mais elle n'est pas de 0 ! Surtout si on regarde un futur moins proche).

Jusqu'à BBB, on dit que c'est de « l'*investment grade* » (globalement ça va, les risques sont encore à peu près raisonnables). En dessous, on passe dans la catégorie des « *High Yields* » (Hauts Rendements) ou « *Junk bonds* » (*Junk*, comme dans *Junk food*, et *bonds* pour obligations) : vous jouez au loto. Et tout en bas, avec celles notées SD et D, ma foi : vous prêteriez à des boîtes qui ont déjà loupé au moins un paiement, ce n'est plus du loto, c'est de la roulette russe. Certains investisseurs acceptent de participer malgré tout parce qu'ils pensent gagner suffisamment avec celles qui survivront pour compenser ce qu'ils perdront sur (toutes) les autres.

---

2. Au sens mathématique du terme, pour ceux à qui cela parlerait.

La note d'une société peut tout à fait changer entre le moment où vous achetez son obligation et… après. Quand elle baisse, on dit qu'elle se dégrade. La situation aussi, et cela peut aller très vite ! Début 2008, la société Lehman Brothers (Holding) était notée A+ ; au mois de juin (de la même année), elle passait à A (sans +) ; le 15 septembre, elle faisait faillite. Oups.

## (Quelques points techniques…)
## Pour faire intelligent(e) dans les dîners

Selon l'émetteur auquel, et la durée pendant laquelle, vous prêtez votre argent, les produits ne portent pas tous le même nom.

**L'émetteur est (vous prêtez à) l'État français :**

À court terme : il s'agit d'un Bon du Trésor à taux Fixe (BTF).

À moyen terme : Bon du Trésor à taux Annuel Normalisé (BTAN).

À long terme : Obligation Assimilable au Trésor (OAT) – l'équivalent américain est le *Treasury Bond* pour ceux qui seraient tentés d'aller voir ailleurs (ou qui liraient les journaux).

**L'émetteur est (vous prêtez à) un établissement de Crédit ou une société :**

Entre 1 jour et 1 an : Certificat de Dépôt (CD) pour l'établissement de Crédit ; Billet de Trésorerie (BT) pour la société.

Au-delà d'un an : Bon à Moyen Terme Négociable (BMTN).

Traditionnellement, la meilleure note qu'une société pouvait avoir était celle de son État (supposé pouvoir lui venir en aide alors que l'inverse n'est pas possible).

Depuis la crise de 2008, ce n'est plus aussi vrai (en 2016, Microsoft était notée AAA alors que l'État américain plafonnait à AA+, la note juste en-dessous).

# Garder une obligation n'est pas obligatoire

Au cas où vous vous poseriez la question (on ne sait jamais), le prix d'une obligation à la fin, le jour où on vous la rembourse (et la veille aussi, pour ainsi dire), est égal au montant qui vous est remboursé (plus le montant des derniers intérêts dûs). Mais dans les mois qui précèdent, non, ce qui concerne un peu celles et ceux qui ne voudraient pas garder leur obligation jusqu'à son échéance. Ne serait-ce que pour savoir si le prix est monté ou descendu. Ce dernier, combiné aux intérêts qu'ils auront perçus, déterminera si l'investissement était judicieux (ou pas). Cela concerne aussi tous ceux qui choisissent d'investir dans des obligations par l'intermédiaire de fonds (dont nous parlons en détail plus loin) parce que leur gérant ne se trimballe pas le même paquet d'obligations du début à la fin (qui n'est d'ailleurs même pas fixée et n'est de toute façon pas fonction de votre calendrier). Il en achète et il en vend régulièrement. Il le faisait avant que vous n'investissiez, il continuera à le faire après. Enfin voilà.

Il n'y a pas si longtemps, il m'arrivait de louer des films dans les vidéoclubs. Ma dernière carte m'a coûté 40 euros, me donnant droit à 8 films (soit 5 euros par film). Au prix auquel est le cinéma de nos jours, et d'un léger décalage culturel avec mes amis, je trouvais la formule correcte. Jusqu'au jour où, lors de l'une de mes dernières visites, un encart publicitaire bien en évidence sur le guichet m'annonçait leur nouvelle promotion : 10 films pour 40 euros, soit 4 euros par film, ou en d'autres termes, 32 euros pour 8 films (règle de trois). Bonne nouvelle… pour les nouveaux clients. Parce que moi, je suis restée avec ma vieille carte.

Je sais bien qu'on n'additionne pas des choux et des carottes mais pour la beauté de l'exemple, extrapolons… Si la société à laquelle vous avez prêté 40 euros vous paie des intérêts de 8 euros (soit un taux, totalement irréel de 20 %) se met à payer 10 euros pour emprunter la même somme (soit un taux de 25 %, tant qu'à délirer), ça ne change rien à votre contrat que vous étiez d'accord pour signer, mais vous allez moyennement apprécier. Non seulement vous serez un peu dégoûté(e) de voir qu'à quelques mois près, vous auriez pu avoir mieux, mais surtout, ça fait perdre de la valeur à votre obligation. Entre deux cartes à 40 euros, je préfère celle qui me donne 10 films ; et entre deux obligations autrement identiques en tout point, je préfère celle qui me permet de gagner 25%. Et les autres participants sur le marché partageront ce point de vue…

D'où vient que notre société se met à emprunter à 25 % et non plus à 20 % ? Au fond, ce n'est pas génial pour elle non plus (quoi que là, c'est tellement surréaliste[1] que c'en est presque drôle). Bah parce qu'elle n'a pas le choix ! Le taux d'intérêt appliqué dépend typiquement de la société et de sa santé, mais aussi de l'environnement économique et « des taux ». On part de ceux du marché, et on ajoute une prime de risque, de temps, etc. Comme pour un particulier.

Quand « les taux » sont bas, la partie « environnement économique » est basse, mais quand « les taux » remontent, mécaniquement, ceux appliqués aux sociétés aussi. On en arrive à une conclusion essentielle mais totalement contre-intuitive pour quasiment tout le monde : quand « les taux » montent, le prix des obligations baisse. Quand « les taux » baissent, le prix des obligations montent. Le mouvement observé sera d'autant plus marqué que l'obligation est loin de son échéance (parce que plus on est coincé longtemps, moins on prend bien la chose).

Avec cette idée générale en tête, vous serez déjà plus avancé(e) que la plupart des gens quant à la pertinence d'investir sur les marchés obligataires.

---

1. À notre époque et sous nos latitudes.

Pourquoi est-ce que j'insiste sur ce concept au lieu d'entrer dans le cœur du sujet ? Deux raisons : je ne l'ai pas fait pour les actions non plus, ce n'est pas l'objectif de ce livre. Si vous voulez apprendre à trouver le prix de l'une comme de l'autre, il va falloir réviser (apprendre ?) l'analyse financière. Et les maths. Et Excel. Et puis aussi parce que, comment dire…

Une obligation a plusieurs prix. Voilà, voilà… Celles et ceux qui tiennent à plonger dans les affres du marché obligataire trouveront ci-après des informations à se mettre sous la dent mais je ne veux pas les entendre après ! Les autres pourront passer au chapitre suivant.

Pour commencer, il y a le **prix d'émission** (le montant emprunté) et le **prix de remboursement** (le montant… remboursé). Ils peuvent être identiques, ou pas. Je vous prête 1.000 et vous me remboursez 1.050 : les montants ne sont pas les mêmes, mais j'ai gagné $50^2$ et ça me va.

Sauf que ces prix ne sont pas exprimés en euros (ou en dollars, ou en livres, ou en…), mais en pourcentages (%). D'une troisième chose : la **valeur nominale** (ou encore, **valeur faciale**). Un prix d'émission de 90 % d'une obligation dont la valeur nominale est de 1.000 euros correspond à 900 euros (90 % de 1.000). Quand le prix est de 100 %, on dit qu'elle est au pair, comme la jeune fille. 100 % de 1.000, ça fait 1.000.

Et tant qu'à faire, c'est aussi par rapport à cette valeur nominale que sont calculés les intérêts. Un taux (nominal ou facial) de 5 % signifie que les intérêts s'élèveront à 5 % de la valeur nominale (ou faciale). 5 % de 1.000 font 50.

Si le concept est tordu – nous sommes d'accord – il n'est pas si compliqué. Mais mon petit doigt me dit que vous allez trouver cela un peu pénible.

Vous achetez une obligation dont la valeur faciale est de 1.000 euros. Son prix d'émission est de 90 %. Elle offre 5 % d'intérêts et est remboursée au pair au bout d'un an : la rentabilité est de 16,7 %. Je traduis : vous prêtez 900, vous êtes remboursé 1.000 et vous recevez 50

---

2. 1.050 – 1.000 = 50 ! Soit 5 %.

(5 % x 1.000) d'intérêts. Vous voyez ce que je voulais dire par « pénible » ou vous aviez trouvé tout seul ? (Auquel cas, bravo !)

Là-dessus, je ne vous ai pas parlé des « *dirty price* » (littéralement « prix sale ») et « *clean price* » (« prix propre ») qui désignent respectivement le prix (de vente) selon qu'on inclut ou pas les intérêts qui ont été gagnés jusque-là. Car, contrairement à une action qui verse son dividende à celui qui la possède à l'instant T du versement (3 jours avant pour être précis), les intérêts sont gagnés au *prorata* du temps de détention.

Fort heureusement, et parce que tout le monde n'est pas doté d'un cerveau bionique, tout est normalement indiqué sur la boîte, en particulier (allez, un petit dernier pour la route), le **taux actuariel**, le « vrai » taux de rentabilité de l'obligation, qui prend tout le schmilblick en compte. C'est l'un des critères qui vous aidera à dénicher l'obligation de vos rêves si vous décidiez d'entreprendre cette quête seul plutôt que par un fonds – même si j'ai comme l'impression que brutalement, cela vous a un peu refroidi(e).

## Pour faire intelligent(e) dans les dîners

Le petit jeu « baisse des taux – hausse du prix des obligations » et sa réciproque ne vaut que pour les obligations à taux fixe. Les intérêts versés par les obligations à taux variable étant, par définition, variables (fonction de ceux du marché), ce phénomène-là ne les impacte pas. Comme c'est quelque chose qui fait plaisir aux investisseurs (un souci de moins à gérer), les emprunteurs (émetteurs) ont tendance à être moins généreux à la base.

# D'AUTRES CHOSES...
## (pour savoir de quoi le monsieur parle à la télé)

# Crowdfunding et Actionnariat Privé (de sortie !)

Socrate est mortel ; les chats sont mortels ; donc Socrate est un chat. En fait, non. Socrate n'est pas un chat parce que les chats ne sont pas les seuls à être mortels. Et ce n'est pas parce que vous pouvez acheter une action à la bourse que vous ne pouvez en acheter que là.

Une action est un morceau du capital d'une société qui a choisi la forme juridique appropriée (Société Anonyme par exemple)[1]. Que celle-ci soit cotée en bourse, ou pas. Cela n'a rien à voir. Le sujet étant éminemment passionnant je propose qu'on ne s'y étende pas outre mesure ici…

Cela va peut-être vous paraître dingue – sauf si vous allez lu les chapitres précédents – mais toutes les sociétés ne rêvent pas d'être cotées en bourse. C'est sympa, mais ça n'a pas que des avantages. Certaines n'ont aucune envie de se coltiner la masse d'informations que toute société cotée est tenue de communiquer régulièrement (genre, les rapports annuels, trimestriels, et ceux de quand-il-y-a-quelque-chose-à-dire). Elles peuvent aussi ne pas être emballées par l'idée de laisser leurs actions à la disposition du *quidam* pas toujours bien intentionné, s'exposant au risque d'une OPA ou, tout simplement, à la folie des marchés.

---

1. Le capital d'une SARL – Société À Responsabilité Limitée – est constitué de « parts ». Une SARL n'ayant pas le droit d'être cotée tant qu'elle est sous cette forme, vous n'en trouverez pas à la bourse.

Car vous conviendrez avec moi que ceux-ci ne sont pas toujours rationnels, quoi qu'en dise la théorie financière. Exigeants, impatients, et libres d'acheter des actions comme des petits pains, les investisseurs punissent impitoyablement les sociétés qui auraient le malheur de ne pas présenter des résultats tip top à chaque fois. Pour peu que ceux-ci soient « moyens » ou simplement « inférieurs aux attentes » des analystes, quand bien même celles-ci seraient démesurées… Le couperet tombe. Certaines sociétés cotées en bourse ont renoncé à des réformes pourtant nécessaires simplement parce qu'elles auraient conduit à une baisse momentanée de leurs résultats, avant de porter leurs fruits. Il faut parfois laisser le temps au temps, et force est de constater que les sociétés cotées en ont de moins en moins, scrutées, examinées… et jugées au minimum tous les trois mois par une foule d'actionnaires plus ou moins perspicaces qui jouent aux spéculateurs avant d'être investisseurs. Vu de l'extérieur, c'est déjà frustrant, alors j'imagine que de l'intérieur, on doit parfois amèrement regretter le coup de l'introduction en bourse.

Il va de soi que les sociétés dont l'actionnariat est resté privé (non coté en bourse) sont elles aussi étroitement suivies. L'objectif de leurs actionnaires est également de rentabiliser leur investissement. Pour tout dire, ils en espèrent un rendement d'autant plus important qu'ils sacrifient la possibilité de sortir facilement leurs billes du jeu : le marché secondaire (la revente) des actions privées n'est pas aussi fluide que celui des actions publiques, cotées en bourse (dont on dit qu'il est liquide tellement il est fluide). Résultat, l'investisseur privé est bloqué plus longtemps. En moyenne, cela dure une dizaine d'années. Parfois un peu plus, parfois un peu moins, cela dépend des sociétés visées et du stade qu'elles ont atteint.

Certaines sociétés adoreraient être cotées, et finiront par l'être en s'introduisant en bourse ; ce qui permettra au passage aux investisseurs privés de sortir du capital en revendant leur part, idéalement à profit, en fonction des conditions du marché. Les jeunes sociétés par exemple ne remplissent pas les critères d'âge imposés par la plupart des bourses, voire parfois ne sont que des concepts. Elles existent légalement, elles peuvent avoir un brevet bien à elles… mais pas l'argent nécessaire pour en faire une « vraie » entreprise qui fabrique des trucs. Et comme les banquiers sont en général moyennement chauds pour prêter de l'argent à une société qui n'a pas encore pu prouver qu'elle n'en avait pas besoin, l'actionnariat privé est une excellente option.

Ne nous mentons pas, l'actionnariat privé (*Private Equity*, car c'est de cela qu'il s'agit depuis le début), est réservé à une élite fortunée capable de mettre des millions sur la table. Si je vous en parle alors qu'*a priori*, cela ne vous concerne pas trop, c'est parce que ce n'est pas une raison, d'abord ; et qu'ensuite parce qu'un phénomène apparu ces dernières années laisse à penser que l'opération s'est démocratisée…

Qui n'a pas entendu parler du *Crowdfunding* ? (Terme utilisé – à tort – pour désigner tout ce qui se rapporte à un moyen d'obtenir quelque chose de « la foule », *crowd*, en anglais), y compris et de plus en plus souvent, de l'argent. S'ils comptent vous le rendre, c'est du *Crowdlending* (de « *to lend* », prêter) ; s'ils prévoient juste de vous envoyer un tee-shirt (ou quel que soit le truc qu'ils fabriquent), ou rien, c'est effectivement du *Crowdfunding* (de « *to fund* » : financer) ; si vous récupérez en échange une part du capital, c'est du *Crowdinvesting* (de « *to invest* » : investir…).

La foule, c'est vous et moi. Le particulier lambda qui n'a pas beaucoup d'argent à mettre sur la table mais qui en a quand même un peu. La plate-forme par l'intermédiaire de laquelle vous investirez vous posera d'ailleurs quelques questions, histoire de s'assurer que vos avoirs sont adéquats. Si ce n'est pas le cas, vous ne pourrez pas (sauf à mentir).

C'est le *crowdinvesting*, qui a le plus des airs d'Actionnariat Privé. D'ailleurs techniquement c'est de l'actionnariat privé. Sur le papier, l'investisseur qui se laisse séduire va effectivement acheter une part du capital d'une société non cotée, *a priori* plutôt dans sa prime jeunesse, par le biais d'une plateforme dédiée. Tout comme l'actionnariat privé, il devra patienter un bon moment avant de voir fructifier son investissement, et tout comme lui, il devra espérer qu'il ne s'est pas trompé. Le truc – parce qu'il y a un truc – c'est que contrairement à lui, l'investisseur en *crowdinvesting* a peu d'informations sur la société dans laquelle il investit. En général, cela se limite à une vidéo où de jeunes *startuppers* montrent leur bobine pour montrer à quel point ils sont sympathiques et déterminés et à quel point leur idée est géniale… mais de vrais comptes (avec un vrai business plan…) restent (trop) souvent absents des informations communiquées. L'actionnaire privé, le vrai, a les mains dans le cambouis (si ce n'est pas lui c'est le gestionnaire du fonds). Il conseille, aide, met son réseau à disposition. Il n'investit pas dans une start-up mais dans 15, dans 20, car il sait parfaitement que sur 100 sociétés qui viennent d'éclore, une poignée seulement survivront, et une pincée lui rapporteront de l'argent (potentiellement beaucoup mais pas toujours…). Que toutes ont besoin d'argent, que ce soit sous forme de prêt ou d'investissement dans le capital, mais qu'elles ont aussi et surtout besoin d'être accompagnées. Alors il mouille sa chemise et s'assure que la jeune pousse fait bien ce qu'elle avait prévu avec l'argent qu'il a mis dedans.

Enfin, et c'est un peu la clef : il a envisagé la suite. Qu'il s'agisse du futur proche : va-t-il y avoir d'autres tours de table et de nouvelles levées de fonds (réduisant la part des actionnaires en place) ? Ou de l'avenir ultime et de la porte de sortie. Même si cela n'est censé être un sujet que dans quelques années, il ne compte pas rester actionnaire de la société *ad vitam aeternam*. Que ce soit par l'introduction en bourse ou par le rachat par quelqu'un d'autre (le management), il sortira du capital. Alors qu'avec le *crowdinvesting*, ces questions ne sont à ce jour toujours pas réglées. Qu'en est-il des droits de vote[2] du généreux donateur (ça s'apparente souvent à cela finalement), et comment l'histoire se termine-t-elle ?

Au final, si le phénomène est encore trop récent pour qu'on puisse affirmer que le *crowdinvesting* (et, à sa façon, le *crowdlending*) démocratise vraiment l'accès à l'Actionnariat Privé pour les investisseurs, on peut au moins se dire qu'il démocratise l'accès au capital… pour les porteurs de projet.

---

2. Surtout quand en fait votre investissement est regroupé dans une holding qui, elle, investit le tout dans la société visée (et vote pour vous sans forcément vous demander votre avis).

# Pour faire intelligent(e) dans les dîners

Lorsqu'on en est au tout début de l'aventure, on utilise les termes super mignons de *Love Money* (Amour/Argent), le second étant typiquement celui de ceux qui ont pour vous le premier (relisez la phrase lentement, vous comprendrez). Votre papa ou votre maman vous prête ou investit dans votre société ; ou de *Seed Money* (Semence/Argent) : à peu près pareil, sauf que les investisseurs ne vous aiment pas spécialement (ce n'est pas le sujet). C'est statistiquement le stade le plus risqué car plus une société est jeune, plus le risque qu'elle meure est élevé.

On utilise plein d'autres termes pour les stades d'après. Ceux qui se passionnent pour le sujet peuvent lire le livre de Cyril Demaria (vous reporter aux références données à la fin de ce livre) qui y rappelle notamment que la notion d'Actionnariat Privé sort progressivement de la stricte détention de parts du capital hors bourse.

En tant que particulier peu fortuné, vous pouvez investir dans le « vrai » Actionnariat Privé par le biais de FCPI (Fonds Commun de Placement dans l'Innovation). La loi prévoit que vous pourrez déduire une part de vos investissements de votre impôt sur le revenu (18 % en 2016, attention aux modifications législatives intempestives). FCPI ou pas, cela reste aussi risqué que si vous étiez en direct.

J'invite chaleureusement celles et ceux qui voudraient investir par le biais d'une plateforme de crowdfunding/investing/... à mener leurs investigations tant sur le projet (lisez et faites-vous une opinion à partir de la documentation fournie) que sur la plateforme choisie (notamment en s'assurant qu'elle est bien habilitée à exercer cette activité, ce que vous pouvez vérifier en vous rendant sur le site de l'Orias (www.orias.fr).

# Peut-on jouer avec la nourriture ? Des alternatives pour investir équilibré

On nous le rabâche à longueur de journée télévisée, il faut manger équilibré. Entre les cinq fruits et légumes par jour, les produits laitiers qui me permettront de me battre contre le grand méchant loup (des fois que je le croiserais à l'orée d'un bois), les sucres lents qui feront travailler mon cerveau tout en m'évitant le coup de barre (chocolatée) de 11h... S'alimenter équilibré est le *motto* du 21$^e$ siècle et relève de l'exploit.

Ce qu'il faut retenir de ces différentes campagnes, c'est que si les lobbies des industries qui les financent sont puissants, aucun n'ose aller jusqu'à dire qu'il ne faut manger que des fruits et légumes ou que des produits laitiers.

Quand il s'agit de composer votre portefeuille alimentaire, la diversification est essentielle et les possibilités nombreuses. Pour votre portefeuille financier c'est la même chose. Il y a les actions, bien sûr, qui sont ce qui vient à l'esprit des gens en premier quand on leur parle d'investissement (faites le test, vous verrez) ; et les obligations, très fréquemment citées également. Il y a le CAC 40®, évidemment (vous saurez ce que j'en pense dans le chapitre qui lui est dédié), mais le monde de l'investissement ne se résume pas à cela. Ici, j'aimerais attirer votre attention sur le fait que vous avez à votre disposition bien plus de possibilités que vous ne le soupçonniez.

Vous pourriez tout à fait envisager de placer (une partie de) vos économies dans l'or (en barre), les matières premières (les « *commodities* », voire

 « *commos* » pour faire cool), l'immobilier ou même les devises… j'en passe et des meilleures. Toutes ces catégories sont des « classes d'actifs », un actif étant une chose qui travaille, ici, votre argent.

Certaines de ces classes d'actifs ont mauvaise réputation, l'exemple typique étant les matières premières alimentaires. Il est évident que c'est mal de jouer avec la nourriture (argument intergénérationnel devant un enfant récalcitrant face à des épinards) et j'ai bien conscience que l'augmentation du prix du blé (du riz, ou de toute autre céréale) est problématique pour les populations « précaires » parce qu'il représente une part plus importante de leur budget alimentaire que du nôtre. À première vue, il n'y a donc pas matière à discussion (d'autant qu'un enfant rechigne rarement devant une plâtrée de pâtes). Je souhaite moi aussi la fin de la misère dans le monde et la paix pour tous, à l'exception peut-être de deux ou trois personnes que je désignerai nommément à mon confesseur. Ceci dit, quand je dis « pour tous », j'inclus aussi les agriculteurs dont les revenus dépendent du prix de ces matières premières. Et je ne souhaite pas que ceux-ci s'effondrent (ni les prix ni les agriculteurs).

D'autres classes d'actifs n'ont pas la même image infamante. La « pierre » par exemple, est perçue comme une valeur refuge par excellence (surtout en France), mais nombre d'investisseurs se retiennent face au montant du ticket d'entrée. À moins d'avoir un capital conséquent, il est difficile de n'allouer qu'une partie de ses actifs (de son argent) à cette catégorie si on espère le faire directement. À 20.000 euros le parking en région parisienne, la diversification va poser problème, et la pierre n'y est pas flagrante.

Mais qui dit que vous ne pouvez investir dans la pierre – comme dans les matières agricoles, soit dit en passant – que par le biais d'une tour de 30 étages en plein Paris – ou d'une tonne de riz qu'on vous livrerait au fond du jardin ?

Figurez-vous que l'immobilier est précisément l'activité de sociétés cotées en bourse. Vous pouvez aussi passer par l'intermédiaire d'un fonds spécialisé dans ce domaine (et Dieu sait qu'il y en a), vous serez exposé(e) à la pierre. Et aux actions, oui, c'est vrai. Là, c'est un peu inévitable. Dans ce cas précis, c'est le prix à payer pour pouvoir diversifier votre exposition.

Tout comme vous êtes obligé de vous exposer à une autre devise lorsque vous investissez dans une action (ou une obligation) qui n'est pas cotée dans la vôtre (c'est-à-dire pas en euros). Car rien ne vous oblige à n'investir que dans des titres de votre zone monétaire. Ce que vous gagnerez dépendra autant de la performance de l'action (ou de l'obligation) que de celle de sa devise. Notez que vous pourriez pour le coup n'investir que dans la devise (vous achetez du dollar parce que vous pensez que ça va monter, ça monte, vous revendez vos dollars).

Ce raisonnement est valable pour à peu près tout. Lorsqu'une classe d'actifs vous intéresse, mais reste inaccessible en l'état pour vous, cherchez les supports d'investissement qui y sont exposés.

À ce sujet, le terme « d'exposition » sous-entend, comme dans la vraie vie, celle à certains risques, propres à chaque classe d'actif. Diversifier son exposition permet d'éviter de ne dépendre que d'un seul coup du sort, tel un milliardaire japonais qui aurait investi toute sa fortune dans l'immobilier à Fukushima[1] au lieu d'en mettre une partie dans quelques immeubles à Tokyo (ou ailleurs, loin de la mer et d'une centrale nucléaire). Ou encore tel un employé qui mettrait tout l'argent de son Plan Épargne Entreprise dans les actions de sa boîte. Comme ça, si sa boîte coule, il aura perdu son boulot ET ses économies (bien joué).

Je ne dis pas que la bonne répartition entre les différentes classes d'actifs (l'allocation) est facile à trouver. Croyez bien que s'il y avait une formule magique je vous la donnerais.

Correction : je vous la vendrais.

---

1. Si vous étiez absent de la planète en mars 2011, Fukushima est l'une des villes japonaises frappées par un séisme suivi d'un tsunami meurtrier dont l'une des conséquences a été l'endommagement de sa centrale nucléaire.

## Pour faire intelligent(e) dans les dîners

Certains d'entre vous auront peut-être repéré, au détour d'un site de courtage, un autre moyen d'investir dans la pierre :

les **Sociétés d'Investissement Immobilier Cotées**.

Les **SIICs** fonctionnent comme des fonds qui, au lieu d'investir l'argent collecté dans des sociétés cotées (par exemple), l'investissent directement dans des projets immobiliers.

# La Vente à Découvert
# Vendre la peau de l'ours
# (puis aller chasser)

Face à la vente à découvert les profanes sont souvent un peu circonspects : ceux qui ont une vague idée de ce dont il s'agit pensent souvent que « c'est pas bien ! » ; les autres buttent sur le fait qu'on puisse vendre quelque chose qu'on n'a pas – certains d'entre eux ayant par ailleurs acheté un appartement « sur plan » sans être gênés le moins du monde d'avoir payé pour quelque chose qui n'existait pas… encore. Les mots clefs, ici, étant « pas » et « encore ».

Le secret pour s'enrichir, pour ceux qui se poseraient encore la question, est assez simple : il faut vendre quelque chose plus cher qu'on ne l'a acheté. Ce principe est valable pour une action ; il l'est aussi pour, par exemple, un râteau. Si je vends à 30 une action ou un râteau que j'achète à 20, j'ai gagné 10 et ce, quelle que soit la séquence…

Tenez, vous voulez acheter un râteau, là, maintenant, et vous êtes prêt à mettre dans les 30 euros vu que c'est le prix des râteaux en ce moment. Je le sais parce que je suis une vraie commère un peu au courant de tout ce qui se passe dans le quartier. Comme je me suis renseignée, j'en suis arrivée à la conclusion que d'ici peu, leur prix devrait baisser (c'est la fin de la saison, les feuilles ne tombent plus, les gens jardinent moins).

L'astuce, c'est que même si je n'ai pas de râteau sous le coude, j'ai un voisin (à côté). Lui a un râteau que je vais m'empresser de lui emprunter… et de vous vendre. À 30 euros. Vous êtes content(e), vous avez votre râteau, le reste ne vous regarde plus, allez donc ratisser ça vous occupera. Si tout se passe comme je l'ai prévu, et à ce stade nous dirons que c'est le cas, je vais attendre quelques jours que le prix des râteaux baisse, disons à 20, en acheter un, et aller le donner à mon voisin en lui disant que je le lui « rends ».

Vous me direz qu'il va bien se rendre compte que ce n'est pas « son » râteau mais un tout beau tout neuf (tout propre) qui sort du magasin. Sûrement, quoique mon voisin n'est pas malin-malin. Mais il s'en fiche. Au fond, qu'est-ce qui ressemble plus à un râteau qu'un autre râteau ? Et accessoirement, puisque le vrai sujet ici est la finance, qu'est-ce qui ressemble plus à une action qu'une autre action (tant qu'il s'agit de la même société, bien sûr) ?

Tout ça pour dire que je vous ai donc vendu à 30 un truc que j'ai acheté à 20. Je ne l'ai pas fait dans le sens habituel, certes, mais j'ai gagné 10…

Ou presque.

Parce que c'est bien joli me direz-vous, mais pourquoi mon voisin me prêterait-il son râteau, au départ ? Je vous dirais bien qu'il le fait parce qu'il m'adore (et qu'il ne sait pas que je revends ses affaires…) mais

en réalité il me l'a prêté au sens financier du terme : je l'ai payé pour cela. Il n'avait pas besoin de son râteau dans l'immédiat alors si celui-ci pouvait lui rapporter quelques sous, il n'était pas contre. J'ai donc gagné un petit peu moins que 10 mais grosso modo, on n'en est pas loin.

Vous n'imaginez pas le nombre de fonds tout disposés à prêter les actions qu'ils ont pour augmenter un peu (très peu, faut pas charrier) leur rentabilité. Ils n'en ont pas besoin maintenant (ils ont reçu les dividendes, exercé les droits de vote correspondants et ne comptent pas y toucher), donc, pourquoi pas ?

D'autant que les risques sont limités… Mon voisin me fait tellement confiance qu'en échange de son « prêt », j'ai dû déposer l'équivalent de son prix en garantie, des fois que… Sur les marchés, la garantie peut être en cash ou en titres financiers divers et variés (auquel cas, le montant de la garantie étant lui-même variable, il pourra même être supérieur au prix du râteau/de l'action empruntée). Donc lui ne risque pas grand-chose. Moi, en revanche, j'aurais pu me prendre une bonne baffe.

Je fais la maligne, mais j'aurais pu avoir tort (prétendons que… bien sûr). N'étant pas si portée que cela sur le jardinage, j'aurais pu méconnaître l'utilité du râteau au mois de novembre et vu leurs prix grimper en flèche. Le jour où mon voisin vient toquer à ma porte pour récupérer son râteau, je dois lui en trouver un. Même si je dois pour cela aller en acheter un à 40. Ou à 100. Ou à 1000. Ou… Et là, j'ai comme un regret de vous avoir vendu ce truc à 30, parce que ça me coûte dans les 970 (30 – 1000 = -970) d'avoir voulu me mêler de vos histoires. Quand vous achetez puis vendez, le pire que vous puissiez perdre, c'est tout (ce qui est déjà beaucoup, j'en conviens). Quand vous vendez puis achetez, il n'y a pas de limite à l'ardoise qu'on peut vous présenter. C'est parce que ce jeu-là est très risqué qu'il est réservé à une certaine catégorie d'investisseurs (avec des reins solides et une certaine expérience).

La vente à découvert a très mauvaise réputation. De fait, ce n'est pas très gentil de parier sur la baisse des autres. Sur les marchés, le vendeur à découvert est celui qui proclame à tout le monde que l'action en question est trop nulle (en tout cas pas si top que ça), ce qui n'est jamais agréable à entendre et certainement pas quand on est soi-même propriétaire de ladite action. Ça fait un peu charognard. C'est pour cette raison que la vente à découvert est régulièrement – et temporairement – interdite sur certaines valeurs un peu malmenées (typiquement les banques en 2011, histoire de ne pas précipiter leur chute). Chez nous, l'activité est également surveillée. Depuis 2012, les vendeurs à découvert sont invités à se signaler auprès de l'AMF lorsque leur position devient significative (à partir de 0,2 % du capital d'une société).

Ceci étant dit, elle a son utilité (tout comme les charognards soit dit en passant) : lorsque l'euphorie s'empare des marchés, les prix peuvent devenir incohérents. Si la vente à découvert n'était pas là, seuls les détenteurs d'action pourraient calmer le jeu ce qu'ils n'ont aucune raison de faire (ok, mon action cote à 30 mais je vous la fais à 20). Les vendeurs à découvert permettent donc d'une certaine façon de juguler les bulles spéculatives. D'autant qu'eux aussi doivent passer par la case « achat » à un moment donné, ce qui peut être utile en période de krach.

### Pour faire intelligent(e) dans les dîners

La vente à découvert à nu (traduction malheureuse de « *naked short selling* ») est une version osée (cela va sans dire) de la vente à découvert (normale) : le vendeur ne prend aucune précaution au moment où il vend l'action (comme si je ne m'étais pas assurée que mon voisin pouvait bien me « prêter » son râteau et que je débarquais chez vous le jour convenu les mains vides. Non seulement je vous aurais vendu un truc que je n'avais pas encore (ce qui n'est pas si grave), mais que je ne suis pas près d'avoir (ce qui l'est un peu plus parce que là on est tous bloqués) !

En général, quand on commence à restreindre la vente à découvert, c'est par elle qu'on commence.

# Les produits dérivés
# Tricoter n'est pas jouer

Les notions d'action et d'obligation mises au clair, leur simplicité peut laisser le lecteur autrefois intimidé un peu circonspect, limite déçu. Il s'attendait à quelque chose d'obscur et inintelligible et finalement, ce n'était que cela ?

Bien que les raisons de leurs parcours erratiques puissent laisser perplexes, les actions et les obligations sont des produits dits « simples » parce qu'il suffit de regarder dans quel sens va leur prix pour avoir une idée du résultat. Quand leur prix monte, c'est bon pour celui qui en acheté ; quand leur prix baisse, ça l'est moins. Même si les raisons de ces mouvements ne sont pas toujours intuitives (le prix des obligations à taux fixe baisse quand les taux montent par exemple), c'est assez basique. Limite ennuyeux.

Pour arrêter de se morfondre, les plus intellectuellement torturés d'entre nous ont donc décidé, un beau matin il y a longtemps, d'inventer d'autres produits financiers. Ce ne seraient ni des actions, ni des obligations, mais cela permettrait de jouer avec quand même.

Un peu comme d'autres personnes se sont dit, un autre matin il y a encore plus longtemps, qu'ils allaient fabriquer un pull, qui n'est jamais qu'un produit dérivé de la laine, parce qu'ils s'ennuyaient ferme avec leurs pelotes.

Observant l'innovation débordante dont faisaient preuve les plus grands producteurs de pulls du monde, nos petits génies en herbe ont décidé de les imiter et ont inventé leurs propres produits dérivés. De quoi ? Tout simplement de leurs jouets de base, à eux : principalement des actions et des obligations, mais pas que. Et ils en ont inventé plein ! Des options, des *futures*, des *forwards*, des *swaps*, … Les produits dérivés sont souvent appelés « produits complexes », pas forcément parce qu'ils sont compliqués à comprendre (parfois quand même un peu), mais parce que la performance de ces produits dépend de celle d'(au moins) un autre.

Quand le prix d'une action monte, le prix d'une action monte. N'hésitez pas à relire cette phrase qui ne dit jamais que quand c'est bleu, c'est bleu. *A contrario*, quand le prix d'une action monte, le prix d'un produit dérivé de cette action ne monte pas forcément ! Toute la subtilité est là.

Mais revenons à nos moutons. Complexes ou pas, ce qu'il faut en réalité comprendre au sujet des produits dérivés, c'est qu'ils sont fabriqués à partir d'autres produits financiers qui leur servent de base, et qu'on appelle des **sous-jacents**.

Tous les produits dérivés sont-ils dangereux ? Non ! Loin de là ! Mais certains peuvent l'être. Comme ce n'est jamais bien malin d'investir dans quelque chose qu'on ne comprend pas, je ne peux que vous inciter à la plus grande vigilance.

Tous les produits dérivés sont-ils d'infâmes inventions destinées à spéculer à partir de calculs si compliqués qu'elles échappent à leurs créateurs ? Non plus ! Certains d'entre eux, et d'ailleurs parmi les premiers à être apparus sur les marchés, servaient uniquement (et servent toujours) de protection. Songez donc à l'inquiétude d'un agriculteur dont le blé va sortir de terre dans quelques mois et qui aimerait bien avoir une vague idée du prix auquel il pourra le vendre (ce qui fait l'intérêt de l'affaire). Il n'est pas contre un petit arrangement, tout à fait légal, avec une âme charitable qui s'engagerait à le lui acheter quand le temps sera venu, à un prix convenu d'avance. Ce contrat, qui portera le doux nom de « *future* » (je traduis ?) s'il est standard, ou de « *forward* » (« en avant ») s'il est personnalisé, est un produit dérivé

(bouh… méchant mot) des matières premières agricoles (re-bouh…).
Mais leur création, telle celle du monde, répondait à un véritable besoin.

Ces contrats ne sont pas évidents à maîtriser, je ne m'étendrai donc pas sur leurs aspects techniques, mais vous en comprenez la logique et voyez bien par vous-même qu'elle n'est pas tordue. Sauf bien sûr quand un spéculateur pur jus s'en mêle. Parce que l'âme charitable à laquelle s'adresse l'agriculteur peut parfaitement être une boîte fabriquant des gâteaux, désirant elle aussi sécuriser le prix de ses approvisionnements, mais cela peut aussi être un parfait inconnu, trader de profession. Lui n'a souvent aucune intention de se faire livrer le blé pour de vrai, mais le système est ainsi conçu qu'il n'y est pas obligé. On sort un peu du cadre de ce livre, mais puisque l'occasion nous est donnée, 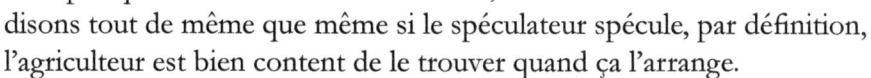 disons tout de même que même si le spéculateur spécule, par définition, l'agriculteur est bien content de le trouver quand ça l'arrange.

Tout ça pour dire que vous ne devez pas laisser un terme intimidant vous retenir de vous pencher sur ces petites bêtes. Pour l'essentiel d'entre vous, la majorité des produits dérivés restera une terre vierge où vous ne mettrez jamais les pieds, mais vous devez bien comprendre que tous ne sont pas de sordides machinations destinées à affamer les populations les plus pauvres de la planète, embrouiller les investisseurs et provoquer de grands krachs boursiers.

Certains vous sont mêmes étrangement familiers, alors même que vous n'aviez pas forcément réalisé qu'ils en étaient…

# Les Produits dérivés ?
# Moi ! Jamais !

« Moi, me dit-il du ton de celui à qui on ne la fait pas, je n'investirai jamais dans les produits dérivés ; la finance, tout ça (geste imprécis et vaguement méprisant de la main), ça ne veut rien dire ; moi, je n'ai que des produits garantis ».

Oui, bien sûr. Et c'est pour ne pas t'empâter que tu t'enfiles les matchs de foot à la télé ?

Non, je ne me moque pas, je voulais juste vérifier un truc avant de me jeter dans le vide (oui, contredire l'Homme, c'est toujours un peu se jeter dans le vide, version c'est lui qui m'a poussée).

Comme tu l'as très certainement remarqué, futé et perspicace comme tu es, les cours de la bourse sont affreusement versatiles (ils bougent beaucoup). Parfois ça monte, parfois ça baisse, et bien malin qui peut toujours dire pourquoi ou quand. Si tu regardes les infos économiques et financières, tu verras qu'un grand nombre de personnes se bousculent pour commenter les mouvements du jour, prophétiser ceux du lendemain, et expliquer pourquoi ceux qu'ils avaient annoncés la veille ne se sont pas vraiment (ou, du tout) réalisés. Certes nous sommes une bande d'incompétents notoirement surpayés, mais permets-moi de te rappeler ce que disait Niels Bohr (Nobel de physique 1922 donc pas tout à fait n'importe qui non plus) au sujet des prédictions : l'exercice est extrêmement difficile, surtout quand c'est à propos du futur. Je ne suis d'ailleurs pas loin de penser, mais cela n'engage que moi, que c'est impossible.

J'ai bien une idée sur ce que va faire le prix d'une action demain, après-demain ou dans 1 an. Bien sûr que j'ai une idée (je suis un peu payée pour ça) ! Est-ce que j'en suis sûre ? Mmmoui, un peu, mais certainement pas au point de mettre ma main droite à couper – je suis une vraie droitière absolument pas contrariée, sans elle, je ne fais plus rien alors tu penses bien que je ne vais pas prendre le risque. D'être manchote, de perdre mon boulot et de planter ma boîte. Parce que si par malheur les choses ne se passaient pas exactement comme je te l'avais promis, il faudrait qu'on te rembourse, ou au moins qu'on t'indemnise. Cela pourrait nous coûter cher, parce que tu ne serais pas tout seul à venir te plaindre. Et puis autant, toi, tu investis dans ce fonds, autant nous pas… Nous, nous le gérons. À la limite, peu importe ses performances, tant qu'on le gère, on gagne de l'argent. Évidemment, on préfère quand nos investisseurs en gagnent aussi, cela améliore grandement les relations (et rend le fonds beaucoup plus facile à vendre).

Je n'essaie pas de me décharger. Si j'investis ton argent dans cette action, c'est parce que je pense sincèrement, viscéralement, qu'elle va monter. Note bien que je le pense, mais que je ne le sais pas. Pas comme je sais que le soleil va se lever à l'est, demain matin. Ce serait du délit d'initié. Rien ne me rendrait plus heureuse que de voir mes prévisions (prédictions ?) se réaliser. Est-ce que je vais pour autant te le promettre ?

Non.

Je te promets de tout faire pour trouver les meilleurs titres si c'est ce que tu veux, de me creuser la cervelle et de rencontrer des dizaines et des dizaines de sociétés jusqu'à ne plus différencier celle qui fabrique des murs de celle qui peint des yaourts – ou l'inverse. Je te promets d'approfondir des sujets qui, franchement, ne devraient jamais avoir à l'être. Mais je ne te promets pas que l'action soit à un prix donné, à un moment donné. Je ne peux pas savoir si, au moment précis où tu voudras retirer ta mise, il n'y aura pas un imbécile qui aura encore confondu la bourse avec un casino, ou un malfrat tapé dans la caisse.

J'aurai probablement raison pour l'action. Son prix montera sûrement au niveau que j'aurai estimé (je ne vais pas m'auto-débiner dans mon propre livre). Mais si ce n'est pas le cas, on fait quoi ? Tu me tombes dessus en m'insultant parce que je n'aurai pas fait fructifier ton argent comme promis. Ce à quoi je te répondrai que je ne t'ai rien promis du tout (enfin, si, je t'ai promis des trucs mais pas du tout d'ordre boursier). Que je « visais » une performance de 5 % mais que voilà… Tu vois bien par toi-même qu'on n'y est pas. Et que je ne pouvais pas le prévoir. Je ne suis pas dans la tête des gens, vu qu'on est déjà nombreux dans la mienne.

Voilà, maintenant que je me suis grillée auprès de toutes les sociétés d'analyse financière, je peux te trouver quelqu'un dans le monde intersidéral de la finance, qui accepte de prendre le risque à notre place. Je peux te dégoter quelqu'un qui s'engagera à m'acheter tes actions au prix qu'il faut si elles n'ont pas assez monté. Bien sûr, ce ne sera pas gratuit, ce qui impactera un peu la performance, et ce, même si je ne fais finalement pas appel à lui. Mais là, au moins, ce sera « garanti ». À condition bien sûr qu'il ne disparaisse pas dans la nature ou fasse faillite avant la fin du contrat. À condition aussi que tu ne retires pas tes sous à n'importe quel moment ; parce que si tu t'avisais de le faire avant la date indiquée, « l'assurance » ne pourrait pas jouer. C'est marqué en tout petit sur la pub, en bas.

En clair, je peux te trouver quelqu'un qui va me vendre une option. Un produit dérivé. Mais comme toi, tu n'en veux pas…

# Sauf peut-être ceux-là...
# Les Stock-Options

En anglais, « *stock* » veut dire, entre autres, « action », et « *option* » signifie « option », ce qui tombe bien. Une stock-option est donc une option sur une action, en l'occurrence l'option (la possibilité) d'acheter une action à un prix donné, plus tard. L'une des particularités des stock-options est qu'elles ne naissent pas sur les marchés financiers mais dans le bureau des Ressources Humaines car ce sont des éléments de rémunération (à l'instar du salaire et de la voiture de fonction).

Concrètement, votre patron vous reçoit dans son bureau et vous sert un discours émouvant sur votre potentiel et sur l'affection que l'entreprise vous porte, ce dont elle tient à témoigner par la gratification de stock-options qu'on vous offre. Si vous décidez le moment venu d'acheter ladite action, il faudra la payer (au prix convenu), mais **vous ne payez rien pour obtenir des stock-options**. Elles arrivent toutes pimpantes entre vos mains fébriles et n'ont, pour l'heure, pas grande valeur. Pas tant qu'on ne vous a pas dit leur prix d'exercice et leur échéance. Il va de soi que l'action sous-jacente (celle sur laquelle peut s'exercer cette option) est forcément celle de la boîte pour laquelle vous bossez, pas celle du concurrent.

**Le prix d'exercice.** C'est-à-dire le prix auquel vous pourrez acheter ladite action (plus tard). Sans cette information, vous n'irez pas bien loin. Le principe de base étant que vous gagnez la différence entre le prix de vente et le prix d'achat, vous avez un peu besoin de connaître le second pour savoir quand le premier est intéressant. Ce prix d'exercice est en général fixé un peu au-dessus du cours actuel. Il peut aussi être beaucoup plus bas (voire 0 auquel cas on ne vous a pas donné des stock-options mais des « *stocks* », des actions tout court) ; ou beaucoup plus haut, voire carrément inatteignable (prix d'exercice à 150 alors que les actions de votre société n'ont jamais dépassé les 40). Dans ce dernier cas, ne prenez pas la peine de remercier votre patron. Grand seigneur, il vient de vous offrir (certes, gratuitement, mais quand même…) la possibilité de payer 150 euros des actions qui n'ont pour ainsi dire aucune chance de monter jusque-là. Il se fiche de vous. Comme vous n'êtes pas assez bête pour acheter à ce prix-là, et qu'une option ne vous oblige à rien, vous n'utiliserez jamais vos stock-options qui se perdront dans les limbes. Vous n'avez rien perdu (sinon une part de vos rêves), vous n'avez rien gagné (contrairement à ce qu'on essaie de vous faire croire).

**L'échéance.** Car les stock-options sont des cadeaux qu'on ne peut pas ouvrir tout le temps, surtout si le prix d'exercice est dès le départ inférieur à celui qui a cours sur les marchés (leur prix d'exercice est de 20 alors qu'elles cotent à 30, vous pourriez empocher 10 direct sans plus de cérémonie). Pour couronner le tout, elles ne sont pas éternelles. Si vous n'avez pas l'opportunité de les exercer avant leur date d'expiration, elles disparaissent. Re-limbes.

En fonction de ces deux critères, vous pourrez chaleureusement remercier votre patron ; ou pas. Une fois ce petit moment d'euphorie passé, vous pourrez également vous demander pourquoi vous avez reçu des stock-options. Pour vous féliciter d'être un excellent salarié ? Ou pour vous inciter à le rester ?

Les stock-options sont de grands classiques pour ceux qui pensent que le but ultime d'une société est de faire gagner de l'argent à ses actionnaires. C'est un peu restrictif, mais l'objet n'est pas ici de débattre du bien-fondé de cette opinion. Dans cette idée, la meilleure chose qui puisse arriver est que le prix de ses actions monte. Ça, c'est la motivation du patron (largement stimulé par les actionnaires). Celle du salarié en revanche est de percevoir un salaire. Mine de rien, il y a un petit décalage entre les deux… sauf si…

Sauf si le patron arrive à faire en sorte que le salarié ait envie de la même chose que lui. Il a bien essayé les séminaires, les ateliers-jeux et les psychologues. Il a fini par s'apercevoir que l'être humain est ainsi fait que pour l'inciter à faire quelque chose (ici : se démener comme un fou pour sa boîte), il faut lui donner une bonne raison.

Augmenter le salaire ? Oui, merci. Mais cela ne règle pas le décalage mentionné plus haut.

Des actions (direct, sans option) ? Non, ça ne fonctionne pas franchement même si certaines sociétés le font. Quel que soit le prix de l'action, le salarié sera toujours gagnant dans l'opération. Plus ou moins, certes, en fonction du cours auquel il pourra les vendre, mais comme il n'a rien payé pour avoir ces actions, il n'a rien à perdre et il sera toujours content. Or, ici, l'objectif du patron n'est pas d'avoir un « salarié content » mais un « salarié qui se déchire pour faire monter le prix de l'action ».

Des stock-options ? Ça peut marcher. Pour pouvoir exercer des stock-options, et donc empocher le pactole, il faut que le prix de l'action sur le marché (le prix de vente) dépasse le prix d'exercice (le prix d'achat). En un coup de baguette magique, le patron et le salarié ont le même objectif. Beaucoup plus intéressé par l'action de sa société, ce dernier va sûrement mettre beaucoup plus de cœur à l'ouvrage dans l'espoir d'en faire monter le prix. C'est d'ailleurs là que ça coince (comme quoi…). Déjà, tous les salariés qui reçoivent des stock-options n'ont pas un rôle si stratégique que leur travail quotidien ait un véritable impact sur les performances de l'entreprise dans son ensemble. Les ruisseaux font les grandes rivières, certes, mais encore faut-il qu'ils se croisent. Ensuite, se battre, c'est bien, tant que ça se fait à la loyale. Pour le coup, un salarié stratégiquement placé dans l'organisation (genre, au service comptabilité) pourrait avoir la mauvaise idée de retoucher les comptes l'année où il veut/peut exercer ses stock-options, quitte à remettre les vrais chiffres à plus tard. L'action peut bien s'effondrer l'année suivante, lui aura empoché son argent (dont il pourra profiter en prison).

## Comme quoi...

Les stock-options sont la version RH du produit dérivé « option d'achat » (plus connu sous son nom anglais « *call* »).

Les options sont en vente sur les marchés financiers et n'y sont pas gratuites, ce qui signifie que vous pouvez perdre votre mise de départ (le « *premium* ») – ce que vous avez payé pour l'acquérir.

Une option émise par une société et en vente sur les marchés (donc pas offerte par les RH), ou « offerte » en cadeau à ses actionnaires, est un Bon de Souscription.

Les « *Warrants* » fonctionnent sur le même principe que ces options. Ils sont émis par des établissements financiers.

Acheter une option, c'est, littéralement, acheter la possibilité de décider plus tard, selon les circonstances. Si c'est une option d'achat, c'est la possibilité de décider plus tard, d'acheter quelque chose (dans notre histoire, une action) à un prix donné. Si c'est une option de vente, c'est la possibilité de décider plus tard, de vendre quelque chose à un prix donné (même phrase, un seul mot change).

Le contraire d'acheter une option, c'est vendre cette option : céder cette possibilité à quelqu'un d'autre. Celui qui vend une option n'en a plus (logique) : il devra faire ce que celui qui l'a achetée décidera.

En tant que non-professionnel, et dans la mesure où vous êtes prêt à perdre votre mise de départ, vous pouvez acheter toutes les options que vous voulez mais **N'EN VENDEZ JAMAIS** ! Vous pourriez perdre beaucoup plus...

# Pour ceux qui veulent savoir pourquoi…
## Attention !
### Chiffres pas compliqués (mais Chiffres quand même !)

**J'achète** une option d'achat 2 € : cela me donne aujourd'hui le droit de décider plus tard si je veux acheter Poudre de Perlimpinpin à 20 €.

Si « plus tard », Perlimpinpin est à 15 €, je n'exerce pas mon option. Si je veux vraiment cette action, je vais l'acheter sur les marchés à 15. J'aurai dépensé 2 € pour rien.

Si « plus tard », Perlimpinpin est à 30 €, j'exerce mon option. J'achète du Perlimpinpin à 20 € (prix d'exercice), et je peux même la vendre *illico* à 30 (puisque c'est son prix sur le marché) pour encaisser la différence (de 10).

Bénéfice de l'opération : 8 € (les 10 gagnés sur l'action moins les 2 dépensés pour acheter l'option).

**Je vends** une option d'achat à 2 € : je cède aujourd'hui à un sombre inconnu le droit de décider plus tard s'il veut m'acheter Poudre de Perlimpinpin à 20 €. Et je me doute bien que s'il le fait, c'est que ce sera à son avantage (et pas au mien, vu qu'on a pris des paris contraires…).

Si « plus tard », Perlimpinpin est à 15 €, il ne va pas exercer son option. Je garde les 2 €.

Si « plus tard », Perlimpinpin est à 30 €, il va exercer son option. Selon toutes probabilités je ne l'ai pas en stock (car je suis un spéculateur), et je n'ai pas d'autre choix (j'ai vendu l'option, moi je n'en ai pas) que d'aller l'acheter à 30 pour pouvoir la lui vendre à 20.

« Bénéfice » de l'opération : - 8 € (les 10 perdus sur l'action moins les 2 gagnés quand j'ai vendu l'option).

# L'Effet de Levier
# Qu'est-il arrivé à l'ex-fiancé de Rose ?

Nous avons tous entendu parler de ces mères capables de soulever une voiture à mains nues « juste » parce que leur enfant était coincé dessous. Je mets des guillemets à « juste » parce que c'est quand même embêtant. Normalement, personne n'a la force qu'il faut. C'est pour ça qu'on a inventé le cric, le principe étant que c'est lui qui fait le gros du boulot grâce à un principe mécanique de base : l'effet de levier. Le truc qui aurait fait dire à Archimède « Donnez-moi un point d'appui (...) et je soulèverai le monde », sans préciser à combien d'années-lumière ledit point d'appui rendant l'opération possible se situait ni de combien il soulèverait ledit monde.

Dans la vraie vie, on a rarement besoin de soulever des voitures pour libérer son enfant, mais on doit parfois soulever des montagnes ; genre, quand on veut s'acheter un petit chez-soi.

Pour peu qu'on ait l'immense chance d'habiter Paris, et qu'on soit normalement riche (c'est-à-dire, pas), tout ce qu'on peut bien souvent s'offrir tout seul, c'est une place de parking. Et encore, il faut se décider vite.

Si vous visez un peu plus haut, et un peu plus construit, vous devez en général faire appel à un ami, idéalement banquier. Vous apporterez un bout de ce qui est nécessaire (votre apport), et il vous prêtera l'autre : vous faites levier.

Le terme « d'effet de levier » peut être intimidant mais il ne fait référence qu'à cela : quand c'est à propos d'argent, il ne s'agit que de s'endetter pour démultiplier l'effort de son investissement.

Une maison achetée « cash » dont le prix double et passe de 500.000 à 1 million représente un gain de 500.000, et une rentabilité de 100 % (500.000 de gagnés pour 500.000 d'investis, ça fait 100 pour 100).

Une maison achetée avec un crédit de 400 (mille…, parce que sinon ça ne vaut vraiment pas la peine de faire un prêt pour ça) et un apport de 100 (*idem*) représente toujours un gain de 500 (parce que 1.000 à la vente moins 400 à rembourser moins 100 d'investis, ça fait 1.000-400-100=500). Mais une bien meilleure rentabilité. Ce n'est pas un tour de magie, c'est du levier. Mine de rien, gagner 500 pour 100 d'investis, ça fait (littéralement) 500 % de rentabilité.

Ceux qui pestent que cette histoire est bien jolie mais que si au final on gagne 500 à chaque fois, à quoi ça sert de se compliquer la vie avec cette histoire de « rentabilité » dont tout le monde se fiche, n'ont pas complètement tort, mais pas complètement raison non plus. Déjà, tout le monde ne se fiche pas de la rentabilité, à commencer par les financiers dont c'est un peu le boulot (et les clients qui les paient pour ça).

Ensuite, si vous avez les 500 en poche pour votre investissement (maison ou autre, en fait…), rien ni personne ne vous oblige à vous endetter. Libre à vous de l'acheter tout seul comme un grand. Mais… Et de un, ce n'est pas le cas de tout le monde et pour tous ces gens-là, pas de levier, pas de maison (et pas de gain). Et de deux, qu'est-ce qui vous empêche, vous et vos 500 de faire la manip' du levier sur le tout (et pas juste sur un apport de 100) ? En vous endettant dans les mêmes proportions, votre apport de 500 vous permet d'emprunter 2.000, d'acheter un palais de 2.5 millions et de répéter l'opération tout pareil.

Alors la vie est peut-être un peu compliquée, mais elle n'est pas belle ?

Et plus dangereuse aussi, certes. C'est là que les levier-sceptiques marquent un point qui explique pourquoi tout le monde n'a pas le droit de jouer avec cette invention absolument démente et qu'elle est réservée aux utilisateurs avertis sur les marchés financiers. Ceux qui savent qu'en finance, le levier joue vers le haut mais aussi vers le bas (alors que le cric est sans danger).

Que se passerait-il si le prix de votre investissement ne montait pas ? Si au lieu de doubler, il perdait 50 % de sa valeur (50 % de 500, ça fait 250, je dis ça comme ça, au passage) ? Vous avez quatre heures.

En fait, c'est très simple. Ça fait très mal, et c'est très triste. En vendant votre maison, votre investissement…, à ce nouveau prix, vous n'avez même plus de quoi rembourser votre prêt car je vous rappelle que vous aviez emprunté 400 à votre banquier. Vous êtes ruiné (vous êtes un *subprime* américain). Merci la bonne idée du levier ! On parle d'ailleurs d'effet massue (et après on dit que les financiers ont un langage hyper compliqué).

L'effet de levier repose sur le fait que s'il faut (toujours) rembourser ses dettes, il ne faut jamais rembourser plus. L'évolution du prix de votre investissement (qu'il s'agisse d'une maison ou d'une action) n'a aucun impact sur le montant à rembourser. Votre banquier ne va pas augmenter votre emprunt parce que votre maison a pris de la valeur. Vous avez emprunté Tant, vous devez rembourser Tant. Ni plus, ni moins.

Pour la petite histoire, c'est probablement ce qui est arrivé à l'ex-fiancé de Rose[1] dont on apprend à la fin qu'il s'est suicidé pendant la crise de 29 (et que si c'était pour en arriver là, il aurait pu laisser sa place dans le canot à quelqu'un d'autre – Jack, par exemple). Ceux qui ont sauté par les fenêtres (même si apparemment cela relève plus de la légende urbaine que de la réalité), n'étaient pas tant ceux qui avaient tout perdu à la bourse, que ceux qui avaient perdu encore plus parce qu'ils étaient tellement pris par la folie des marchés qu'ils s'étaient endettés pour

---

1. La jeune fille pseudo-riche qui a eu la bonne idée de tomber amoureuse d'un pauvre du pont inférieur, deux jours avant que leur bateau, le Titanic (de James Cameron), ne percute un iceberg.

pouvoir y jouer. Une fois passé le krach, non seulement ils n'avaient plus rien, mais en plus ils devaient de l'argent.

## Pour faire intelligent(e) dans les dîners

Dans la vraie vie, vous le savez sûrement, s'endetter n'est pas gratuit et conduit inévitablement à payer des intérêts. Leur absence dans ce chapitre vous a peut-être gêné (auquel cas je m'en excuse), mais ne change pas le mécanisme du levier. Remboursez 400 à votre banquier et payez lui 40 d'intérêts, vous verrez que vous aurez toujours gagné plus avec le levier que sans (en l'occurrence : 460 % contre 100 %).

Pourquoi ?

Parce que le levier fonctionne tant que ce que vous avez emprunté vous rapporte plus qu'il ne vous a coûté. Pour faire levier, il faut avoir quelque chose à soulever.

Vos 400 empruntés ont peut-être coûté 10 % (40 / 400), mais ils ont rapporté 100 %. Et 100 %, c'est plus que 10 %. Le levier a joué, votre rentabilité est de 460 % (1.000 − 400 − 40 − 100) / 100.

...

...

Le levier à proprement parler se calcule très simplement :

$$\frac{\text{Dette}}{\text{Capitaux (qui vous sont) propres}}$$

On vous prête 4 euros pour chaque euro que vous apportez, votre levier est de :

$$\frac{4}{1}$$

Qui fait 4.

La rentabilité financière se calcule un peu moins simplement, mais ce n'est pas insurmontable non plus :

$$\frac{\text{Profits nets (une fois les intérêts, impôts et autres remboursements/déboursements faits)}}{\text{Capitaux (qui vous sont) Propres}}$$

# Le Trading à Haute Fréquence
# L'algorithme qui achetait plus vite que son ombre

Le terme « Algorithme » fait peut-être super intelligent quand on le dit, mais le fait est qu'il décrit une réalité très banale. Un algorithme, ce n'est jamais qu'une succession d'étapes, ou d'instructions, permettant d'arriver à un résultat. Pour calculer l'aire d'un rectangle (résultat), multiplier sa longueur par sa largeur (instructions) : algorithme.

De son côté, le terme de « *Trading* » fait référence à l'activité d'achat et de vente de titres sur les marchés financiers (de « *to trade* » : échanger, commercer).

Voilà, le Trading Algorithmique ne signifie rien d'autre que cela, et je m'excuse auprès de celles et ceux pour qui j'aurais brisé un mythe. Si cela peut vous consoler, dites-vous que vous pourrez toujours recaser le mot, il y a encore plein de monde à impressionner avec ! Et ce n'est pas peu dire !

D'où vient que le Trading Algorithmique ait si mauvaise réputation ? À part de son nom, je ne vois pas. Ou alors c'est parce que beaucoup de gens le confondent avec le *High Frequency Trading* (HFT – Trading à Haute Fréquence).

Pour que tout le monde cerne bien le sujet ici, laissez-moi vous préciser tout de suite que le HFT représenterait de 15 à 70 % des transactions (à peu près…), augmenterait la volatilité des marchés (ou pas, selon que les équipes de recherche sont pour ou contre) mais aussi leur liquidité (ou pas). Voilà, comme ça, on a posé les bases. Non mais c'est important d'être précis, surtout quand on parle d'un truc aussi vague.

Ce qui caractérise le HFT n'est pas une stratégie en particulier, mais la vitesse et la fréquence des transactions réalisées grâce à la magie de l'informatique, ce que son nom dit bien. Nul besoin de traduire mot à mot pour que vous repériez les mots clefs « *Haute* » et « *Fréquence* ».

Comme la meilleure façon de s'adresser à un ordinateur est encore de lui parler sous forme d'algorithmes, le HFT est bien du Trading Algorithmique, mais il n'en représente qu'une catégorie.

Le Trading Algorithmique vise à exécuter au mieux les ordres : pour se débarrasser de beaucoup d'action sans trop faire baisser leur prix (résultat), les vendre par petits paquets (instructions).

Le HFT va une étape plus loin (ou plus près, ça dépend dans quel sens on regarde) et ne se contente pas de dire comment, il détermine aussi quoi : quelle action vendre (ou acheter) ?

Mine de rien, c'est pratique.

Un ordinateur fait les choses beaucoup plus rapidement que nous, possiblement mieux (sans boulette), et sans râler.

C'est précisément sur ces (deux premières) capacités que joue le HFT qui sait qu'un être humain est parfaitement capable de 1. Se rendre compte que, dans le millier d'actions disponibles, il y en a une qui a l'air pas mal ; 2. Se dire que ce serait peut-être bien d'en acheter parce qu'elle correspond aux critères du fonds ; 3. Décider d'en parler à son chef ; 4. Partir chercher son chef ;

5. Le trouver à la machine à café ; 6. (Quitte à être là) Boire un café ; 7. En discuter avec lui et tomber d'accord ; 8. Retourner à son poste en passant par les toilettes ; 9. Acheter l'action ; 10. S'apercevoir qu'entre-temps plein de gens ont eu la même idée et que ce n'est plus une si bonne affaire ; 11. Se dire qu'il faudrait peut-être la vendre.

Mais qu'entre temps, le *High Frequency Trader* aura eu le temps de l'acheter et de la revendre (peut-être même à notre joyeux luron). Ordinateur 1 – Humain 0.

Évidemment, ce scenario ne peut pas plaire aux gérants et aux analystes qui n'ont aucune raison de s'enthousiasmer pour quelque chose qui, techniquement, les remplace. Certains s'inquiètent du fait que les ordinateurs fassent leurs petites affaires tout seul sans demander son opinion à l'Homme (dont on oublie souvent que c'en est un qui a expliqué à la bête sur quels critères prendre ses « décisions »).

Oui, c'est vrai, un programme peut avoir des *bugs*[1] (que celui qui n'a jamais vu son ordinateur faire quelque chose qu'il ne lui avait jamais demandé me lance la première pierre), et que cela peut être problématique même si, ici, les programmes ont pour ultime finalité d'acheter et de vendre des titres financiers, pas de rejouer la stratégie militaire américano-soviétique. C'est pour cette raison que c'est mieux de laisser quelqu'un à proximité quand même ne serait-ce que pour le débrancher (ce qui devrait le calmer net). Tout comme le pilote d'un avion reste dans le cockpit alors que cela fait belle lurette que c'est l'ordinateur de bord qui fait le gros du boulot et que c'est très bien comme ça.

Ensuite, c'est vrai qu'un ordinateur réduit drastiquement le nombre de personnes réellement en mesure de communiquer avec lui (que celui qui n'est jamais resté un peu bête devant son écran affichant un message du type « Fatal Error : Xideyh487fsJE3 » me lance une seconde pierre). Celles qui le peuvent faisaient rarement profession de gérants et/ou d'analystes (rapport au fait qu'il n'y a pas encore tronc commun pour ces filières).

Mais c'est vrai qu'un ordinateur peut faire des bêtises (un ordinateur fait toujours ce qu'on lui dit de faire, même si on s'est mal exprimé). Que se passerait-il si le programme n'était pas correctement conçu ?

Certains algorithmes (probablement les plus médiatisés) sont maintenant capables de lire les nouvelles et d'en extraire la substantifique moelle bien plus rapidement que ne pourra jamais le faire un analyste (dont bien peu de gens savent à quel point il est submergé d'informations qu'il est censé trier, lire, comprendre et ingurgiter). Ils

---

1. Un être humain aussi.

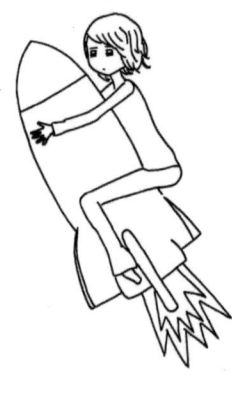 n'ont aucun problème à deviner qu'un communiqué de presse avec 15 fois l'expression « année exceptionnelle » et « performances ahurissantes » dedans, c'est plutôt bon signe, et plutôt d'achat. Et le plus vite sera le mieux. C'est plus délicat quand l'information est au second degré (l'ordinateur est peu sensible à ce type d'humour) voire délibérément trompeuse (voir le tweet annonçant le décès du président américain Barack Obama en avril 2013, manifestement à tort). L'un dans l'autre, ils ne s'en sortent pas trop mal.

D'où le paquet mis sur la rapidité et une course effrénée au développement de LA technologie (fibre optique, rayon laser, micro-ondes[2]...) qui permettra aux *High Frequency Traders* de communiquer le plus rapidement possible avec la bourse.

Certains concurrents plutôt contre le concept arguent souvent du fait que, je cite « Ce n'est pas juste ». Oui et non. Dans l'absolu, il ne s'agit que d'une innovation technologique. À défaut d'avoir les meilleurs analystes, ils ont les meilleurs programmeurs (ils peuvent avoir les deux en fait). On reproche à certains de s'être installés trop proches des serveurs informatiques (plus près, ils feraient des bébés), ce qui est sinon indécent au moins questionnable. Évidemment que celui qui est à une microseconde (une éternité pour un ordinateur) plus près du serveur de la bourse a un avantage ! Mais il a payé pour et plutôt cher.

Maintenant je ne vais pas faire ma *geekette* inconsciente et naïve. Certains HFT adoptent des stratégies qui n'ont rien à faire sur les marchés et dont l'exemple le plus représentatif reste celle dite de « *front-running* »[3].

Ce sont loin d'être les seuls à pourrir l'ambiance avec des stratégies douteuses qui visent plus à manger la laine sur le dos du voisin qu'à participer loyalement au marché, mais comme la technologie leur permet de le faire (beaucoup) plus vite et (beaucoup) plus souvent, ils sont forcément plus pointés du doigt (surtout quand ça dérape parce que quand ça se passe mal, ça se passe toujours très vite). Parfois même, ils se pour-

---
2. Ceci n'est pas une blague.
3. Expliquée en fin de chapitre.

rissent entre eux et se « spamment » en envoyant pleins d'ordres différents pour faire mouliner dans le vide les ordinateurs des autres. Super productif…

Alors… Tout accepter sans discernement ? Non, d'autant qu'il est malheureusement très difficile de séparer le bon grain de l'ivraie car les HFT ne sont pas très bavards sur leurs stratégies.

Pointer un doigt accusateur sur l'ensemble du HFT (ou du Trading Algorithmique, tant qu'à faire) ? On pourrait aussi retourner à l'ère du boulier et de la bourse à la criée, jeter les ordinateurs au feu et lancer un nouveau mouvement luddite.

Laisser le système s'autogérer et se dépatouiller tout seul ? Pas forcément judicieux non plus, d'autant que la complexité s'est tellement accrue ces dernières années que les personnes à même d'appréhender les conséquences d'un dérapage (technique ou légal) se font de plus en plus rares. Les autorités de régulation elles-mêmes ont de plus en plus de mal à démêler les fils et ça, ce n'est pas bon signe.

## Pour faire intelligent(e) dans les dîners

Le « *front-running* » consiste à « passer devant » un autre joueur, par exemple vous qui envoyez un ordre pour acheter un bon paquet d'actions. Le « *front-runner* » va vous passer devant, acheter ce que vous visez (et du coup en faire monter le prix), et vous les revendre. Votre ordre finira normalement par être exécuté, mais plus cher que ce que vous méritiez. Entre temps, un petit malin se sera servi au passage. Utilité pour les marchés ? Zéro. Personne lésée ? Vous (ou votre gérant qui fait partie de la grande masse des pigeons visés dans ce jeu donc par répercussion, vous).

C'est une pratique totalement immorale qui flirte avec l'illégalité selon la personne qui la met en œuvre. Si c'est le courtier à qui vous avez directement transmis votre ordre, c'est interdit. Sinon, c'est plus subtil…

# TOUT SUR LES FONDS
## (en combles)

# OPCVM, FCP, SICAV
## et kyrielle de lettres

Je ne sais pas si vous avez le même problème, mais j'adore les légumes. Sauf que : j'adore les légumes, j'adore les légumes, mais en fait je mange un peu toujours les mêmes : poireaux, carottes, navets (pure fiction, personne n'aime les navets). Manque d'imagination ou d'offre dans mon supermarché ? Un peu des deux sûrement.

Forte de ce constat, et décidée à faire preuve d'un peu plus d'audace dans ma vie culinaire, j'ai donc organisé des expéditions où je piochais, les yeux bandés, dans les bacs à légumes. Les regards désespérés de Pitchoune 1 et Pitchoune 2 devant la 5$^e$ cargaison de pommes de terre-châtaignes (croyez-moi sur parole, les yeux bandés, on prend ce qui nous tombe sous la main en premier) m'ont rapidement convaincue de mettre un terme à cette expérience. Je me suis donc facilement laissée convaincre par les responsables du magasin lorsqu'ils m'ont orientée (*manu militari*) vers un stand assez génial, celui du « panier de légumes ».

Le principe est simple : je commande toutes les semaines un panier de légumes à mon point relais. Je peux savoir, à peu près, ce qu'ils ont prévu de mettre dedans d'une semaine sur l'autre, mais ce n'est jamais moi qui décide : ce sont peut-être des légumes que je connais déjà et aurais sûrement choisis (et zou ! des pommes de terre !), ou des légumes que je ne connais pas encore (et zou ! des panais !) Une seule chose est sûre, ce seront des légumes (si, si, le panais est un légume, une sorte de carotte blanche malheureusement au goût de navet).

Si vous savez que vous « aimez » telle ou telle action, ne vous gênez pas, achetez-la directement au supermarché des actions (la bourse). Vous la détiendrez alors en direct et elle apparaîtra sur votre relevé de compte-titres.

Si en revanche vous n'avez qu'une vague idée de ce dans quoi vous voulez investir (« j'aime bien les actions américaines » ou « j'ai plutôt envie d'investir dans les actions européennes ») mais que vous ne savez pas exactement lesquelles précisément, ou que vous n'avez pas spécialement envie de les passer vous-même en revue, l'idéal est de passer par un fonds. D'autant que cela facilite grandement la diversification dont vous savez intuitivement que c'est une bonne chose.

C'est bon pour la santé de manger des carottes (et ça rend aimable), mais ça ne l'est pas tant que ça de ne manger QUE des carottes. Sur les marchés, c'est la même chose. Investir toutes ses économies dans une action n'est pas une bonne idée, pas plus que de mettre tous ses œufs dans le même panier.

Acheter des actions par le biais d'un fonds vous permet d'en acquérir plusieurs différentes d'un coup et sans avoir à frauder pour vous procurer la liste de celles d'un vrai fonds qui n'est de toute façon communiquée qu'aux clients[1] et encore, avec un délai qui rend l'information sans intérêt pour ceux qui voudraient savoir comment faire maintenant, pas comment ils auraient dû faire, avant.

Cela facilite d'autant plus le boulot que vous pouvez être séduit(e) par un fonds sans avoir envie (ou les moyens) de lâcher le prix de toutes additionnées. Je peux vouloir du chou, des haricots et des petits pois mais pas d'un kilo de chaque – alors que mon supermarché ne les vend pas en plus petite quantité (c'est un supermarché bizarre, j'en conviens). En faisant un achat groupé, mon problème peut s'arranger. Sur les marchés, cela se fait par le biais de fonds, le plus souvent sous forme d'OPCVMs.

---

1. Sauf pour les ETFs, dont la liste est connue, comme expliqué dans la suite de ce chapitre.

Je vous propose donc un petit interlude Vocabulaire, histoire de régler la question de ce sigle totalement opaque une bonne fois pour toutes. Un OPCVM est un :

**Organisme** : mot bien vague comme on les aime, du type de « société », « association », « bidule » qui veut simplement dire qu'on a fait une boîte avec des trucs dedans et que dorénavant cette boîte a une existence bien réelle (quoiqu'immatérielle) ;

De **Placement** : parce que c'est une boîte dans laquelle on peut « placer » son argent ;

**Collectif** : parce que plusieurs personnes le font ;

En **Valeurs Mobilières** : à nouveau terme très vague pour tous ceux qui n'ont pas eu la chance de passer 10 années de leur vie dans la finance – des actions et des obligations.

Un **OPCVM** est un fonds dans lequel plusieurs personnes mettent leur argent en commun pour l'investir. Ce terme regroupe deux catégories : les **FCPs** (Fonds Commun de Placement) et les **SICAVs** (Société d'Investissement à CApital Variable). Un FCP est un OPCVM. Une SICAV est un OPCVM. Les différences entre FCP et SICAV ne sont pas d'un intérêt flagrant pour l'investisseur lambda. C'est aussi passionnant que de se demander si une société est une SA[2], une SARL[3] ou une SAS[4] (tant que ce n'est pas la vôtre, vous avez mieux à faire). Pour votre culture générale, sachez qu'on est « porteur de part(s) » d'un FCP et « actionnaire » d'une SICAV.

Les OPCVMs ne peuvent pas investir n'importe comment dans n'importe quoi et doivent respecter certaines règles qui vont de « pas trop de la même action/obligation » à « pas trop de produits dérivés », en passant par « pas trop de cash laissé inactif ». Si vous souhaitez faire le point sur toutes les contraintes d'un OPCVM vous pouvez lire la Directive UCITS IV (parce que « UCITS » – *Untertakings for Collective Investment in Transferable Securities* – veut dire OPCVM en anglais, et parce que « IV » veut dire 4 en chiffres romains et que ce n'était pas la 1ᵉ directive). Sinon, vous pouvez juste retenir qu'il y en a un bon paquet et qu'elles

---

[2]. Société Anonyme.
[3]. Société À Responsabilité Limitée.
[4]. Société par Actions Simplifiée.

sont censées modérer les ardeurs créatrices des gérants en fixant des limites à ce qu'ils peuvent faire dans « leur » fonds. Au final, cela sert à protéger l'investisseur moyen qui aurait tendance à placer son argent sans vraiment creuser la question. En soit c'est plutôt une bonne idée (de le protéger, pas de ne pas réfléchir), mais ne signifie absolument pas que l'étiquette UCITS garantit qu'un fonds est « sûr ». Aucun ne l'est.

Depuis quelques années sont également apparus les **ETFs** (*Exchange Traded Funds*). Ces supports d'investissement gagnent du terrain notamment en raison de leur diversité (il y en a pour tous les goûts), de leur transparence (on sait toujours ce qu'il y a dedans sur le moment) et de leur (généralement) moindre coût lié à la façon dont ils sont structurés.

Pour qui ne travaille pas à leur conception, leur particularité la plus pertinente est qu'ils sont cotés en bourse : on peut en acheter et en vendre toute la journée au prix du moment ; alors que pour les OPCVMs, cela n'est possible qu'une fois par jour au prix de clôture du marché (concrètement, vous ne savez pas, au moment où vous passez votre ordre, à combien il sera évalué).

Pour les uns comme pour les autres, vous faites une **souscription** quand vous investissez dedans, et vous faites un **rachat** quand vous récupérez vos billes (plus ou moins ce qui a été gagné/perdu).

Ça fait beaucoup de mots d'un coup, mais comme pour tout, ce n'est qu'une question d'habitude. Ou de marque-page astucieusement placé.

Et pour ne pas avoir l'air bête... ETF, FCP et OPCVM sont des sigles, ils se prononcent lettre par lettre. SICAV et UCITS sont des acronymes, ils se prononcent comme des mots (« sicave » et « uoucitse »).

# Choisir son Fonds
# Le Syndrome Leroy Merlin

Vous avez donc décidé que l'option « Fonds » était meilleure pour vous et vous êtes décidé pour un qui serait investi, allez, au hasard, dans des actions (mais ça marche aussi avec les obligations). Vous en êtes encore à vous auto-congratuler d'avoir pris cette bonne décision, que votre banquier (ou tout autre intermédiaire habilité à vous faciliter l'opération) trouve malin de vous répondre : bien sûr, mais lequel ? En l'espace de quelques secondes, vous vous retrouvez en plein Syndrome Leroy Merlin (également connu sous le nom de Crise de Castorama-Bricorama) que tout un chacun pourra expérimenter en se rendant au rayon peinture de l'une des enseignes précitées (ou concurrentes).

« Bonjour Monsieur, je voudrais de la peinture blanche s'il-vous-plaît. »

« De la peinture blanche ? Mais bien sûr ma p'tite dame ! Ah, au fait, avant que je monte (à l'échelle), votre peinture, vous la voulez… »

3. 2. 1…

Mate ou brillante ? Vernis ou satin ? Extérieure ou intérieure ? Fer ou métal (excusez-moi mon brave mais le fer, c'est du métal…) ? Bon alors bois ou plastique ? Mur ou sol ? Carrelage ? Lessivable (ou *salissable* ?) ? Glycérophtalique, acrylique ou alkyde (à l'huile, à l'acrylique ou à la résine) ? Avec ou sans plomb ?

Beuh… De la peinture blanche, parce que le blanc ça va avec tout. Oui, le noir aussi, sauf avec les murs, et comme c'est là que je veux la mettre…

Aaah ! On avance. Il sait maintenant que je veux de la peinture pour murs, mais pour les autres critères, il va falloir que je me décide. Pour ceux que cela intéresse, j'ai donc arrêté mon choix sur de la peinture blanche, donc, mais également mate, acrylique, pour les murs côté intérieur, non lessivable, et bien évidemment sans plomb. En dépit d'un manque total de connaissances en la matière et d'un intérêt nettement décroissant sur la fin, j'ai dû me positionner et faire un choix sans lequel ce brave vendeur n'aurait pas su quel pot me tendre. Ou m'aurait tendu n'importe lequel. Il va d'ailleurs bientôt falloir que je lui dise la quantité (ben un ? J'ai qu'un mur à peindre…).

Préciser que vous voulez un fonds investi dans des actions est une information importante, mais c'est loin d'être la seule, tout comme il était naïf de ma part d'espérer m'en tirer juste en choisissant la couleur.

Ceci dit, vous avez déjà, sans le savoir peut-être, brillamment passé la première étape. En choisissant un fonds investi en actions, vous avez choisi votre **classe d'actifs**. Vous auriez tout aussi bien pu en choisir une autre, comme celle des obligations, ou comme n'importe quoi d'autre (de disponible). Ou un mélange, avec un fonds mixte.

Techniquement parlant, les autres critères ne sont pas plus compliqués. Ils nécessitent en revanche que vous ayez une opinion, et l'affaire est loin d'être évidente.

Le **risque** : critère qui dépend grandement de la classe d'actifs, mais pas que. Si vous aviez choisi un fonds en obligations, auriez-vous préféré prêter votre argent à des sociétés *a priori* sûres, ou à des sociétés qui en ont grandement besoin parce que si vous ne le faites pas, ma foi… qui d'autre s'y collera ?

La **zone géographique** : Amérique ou Europe ? Pays développés ou émergents ? C'est en général le critère que vous préférez choisir, probablement parce qu'il vous donne l'impression de voyager par procuration. En réalité, vous devez surtout avoir une idée (vraie ou fausse) de la zone la plus prometteuse (sur le plan économique, s'entend).

Le **degré d'intervention** du gérant : croyez-vous qu'il soit possible de faire mieux que le marché tous les trimestres et tous les ans (croyez-vous au Père Noël ?) ? Nous revenons plus largement sur ce critère dans le chapitre consacré aux gestions passive, active et absolue.

La **liquidité** : êtes-vous prêt à bloquer votre argent dans un fonds pendant un certain temps (celui que la stratégie proposée fasse son œuvre) ? Ou voulez-vous être sûr de pouvoir (vous) en sortir à tout moment, tant que c'est dans les horaires d'ouverture voire après un petit délai de quelques jours ?

Les **contraintes** que vous pourriez avoir, notamment de par vos convictions personnelles (Investissement Socialement Responsable) et/ou religieuses (fonds catholiques, islamiques, respectant les dogmes respectifs de ces religions) ? Ou pas (êtes-vous un spéculateur cupide et assoiffé d'argent) ?

Et la liste ici n'est pas exhaustive ! Vous trouverez des fonds concentrés sur les petites et moyennes capitalisations, d'autres plutôt sur les grandes (car, si, la taille compte). Certains se spécialiseront sur les sociétés dont on pense qu'elles vont grossir assez rapidement (dites « de croissance ») ; d'autres sur celles peut-être moins *funky* mais quand même un peu plus que ce que le marché suppose (dites « de valeur »). Pour les obligations, les fonds pourront être focalisés sur certains types d'émetteur (État, société, …) et/ou certaines échéances (les obligations sont-elles plutôt loin de leur terme ou plutôt pas ?).

Vous êtes arrivé au bout de ce chapitre et vous avez envie de pleurer ? Lisez les suivants, ils devraient éclaircir quelques points. Ou sinon, consultez ! Un Conseiller en Investissements Financiers (CIF), pas un psy. Par pitié, ne tentez pas le coup sans baliser le terrain. Tous les fonds comportent un risque. Tous. Investir se fait dans un objectif plus ou moins précis (et plus ou moins réaliste) mais doit toujours se faire sérieusement.

L'allocation d'actifs (la répartition de votre argent entre les différents supports d'investissement) qui vous convient dépend de votre situation personnelle et financière, des risques que vous êtes prêt(e) à prendre (fonction de votre caractère : plutôt plage ou plutôt parachute ?), et de ceux que vous êtes en mesure de prendre (fonction de vos ressources financières, et de vos besoins plus ou moins éloignés dans le temps). Lorsque vous pénétrez dans cet univers un peu étrange, votre interlocuteur doit vous soumettre à une batterie de questions qui peuvent paraître un peu indiscrètes mais qui sont cruciales. Il procède ainsi à votre profilage au début de la relation, puis régulièrement. C'est la loi et c'est mieux comme ça.

# Anecdotes et Autres idées reçues

Le premier contact avec ce choix se fait souvent à l'occasion d'un Plan d'Épargne Entreprise. Votre boîte vous propose plusieurs supports d'investissement qu'elle a négociés avec un fournisseur externe (sauf si vous bossez dans une société de gestion). Désemparés devant cette liste qui leur est remise sans plus de cérémonie, nombre de salariés optent pour une méthode d'allocation… comment dire… enfantine. Pour peu qu'il y ait 5 fonds proposés, ils vont mettre 20 % (1/5e) de ce qu'ils ont dans chacun. Peu importe que 4 d'entre eux soient des fonds investis en actions et 1 seul en obligations. Ou l'inverse, cela n'a aucune importance, l'allocation ne reposant sur aucune base rationnelle. Cela peut vous faire sourire, mais c'est un phénomène suffisamment répandu pour qu'on lui ait trouvé un nom. On parle de diversification naïve.

La règle qui voudrait qu'on répartisse entre actions et obligations selon son âge sur la base de la formule 100 – âge = % investi en actions (soit 60 % sur les actions si vous avez 40 ans) est une fausse bonne idée. Votre âge compte dans l'allocation, car un jeune investisseur a normalement plus de marge de manœuvre en cas de krach boursier (le marché a statistiquement plus de chances de se redresser avant sa mort)… mais c'est loin d'être le seul critère. On peut être jeune et avoir besoin de son argent pile au moment d'un krach.

# Le CAC 40® n'existe pas

S'il y a bien un truc qui me laisse pantoise, c'est la fascination que les gens peuvent avoir pour ce truc, fascination largement entretenue par les media qui nous assènent quotidiennement sa valeur avec de grosses flèches vertes ou rouges (selon qu'il monte ou qu'il descend, et ce, peu importe dans quelle proportion). Alors, avant d'aller plus loin : non, vous ne pouvez pas acheter un peu de CAC 40® comme vous achèteriez un bout de gigot. Parce qu'en réalité le CAC 40® n'existe pas, c'est un indice boursier : une liste. On peut acheter ce qu'il y a sur une liste, mais on ne peut pas acheter « La » liste.

Reprenons. Le CAC[1] 40® est l'indice boursier qui suit les performances des 40 plus grosses capitalisations cotées sur Euronext (la Bourse de) Paris. Donc, pas « les sociétés les plus grosses dans l'absolu », pas forcément « les sociétés qui font le plus de chiffre d'affaires », ni « celles qui seraient très grosses mais pas tant que ça en France », et dont au minimum 20 % des actions disponibles ont changé de mains sur les 12 derniers mois.

L'évolution du CAC 40® n'est jamais que celle de ses composants, à ce détail près que les performances de chacune de ces actions sont pondérées, autrement dit, que toutes n'ont pas le même poids (poids... pondération) dans la moyenne finale. Quand vous avez passé votre bac,

---

1. Le sigle « CAC » signifie Cotation Assistée en Continu (pour votre culture générale) et est une marque déposée par Euronext (tout comme CAC 40® d'ailleurs).

vous avez certainement remarqué que toutes vos notes n'avaient pas la même importance dans le résultat final. Pour moi, l'épreuve de sport n'avait (Dieu merci !) pas un coefficient très élevé. À la limite, j'aurais pu avoir 5/20 en natation (je n'ai pas eu beaucoup plus), cela n'aurait quasiment rien changé à ma note finale. En revanche, les maths, la physique-chimie et la biologie, sujets hautement plus intellectuels, concentraient tous mes efforts – même si force est de reconnaître que j'ai depuis beaucoup plus eu l'occasion de nager que de disséquer des grenouilles.

Pour les indices, la pondération peut se faire sur la base de toutes sortes de critères. Celle du CAC 40® est basée sur la capitalisation boursière ajustée de leur flottant[2], mais ce n'est pas la seule manière de procéder. On a vu apparaître sur les marchés des indices dits « *smart beta* » dont le nom peut laisser croire aux franco-anglophones qu'il s'agit d'un oxymore[3] ce qui n'est bien sûr pas le cas, « beta », transcription de la lettre grecque β faisant référence à l'indice lui-même. Les indices « smart beta » sont donc simplement des indices dont la méthode de pondération repose sur des critères supposés plus intelligents que la simple capitalisation boursière (par exemple des critères financiers, ou au contraire pas de critère du tout – tout le monde dans les mêmes proportions).

Nos betas, qu'ils soient *smarts* ou pas, sont très régulièrement suivis. Tous les trois mois, pour le CAC 40®, on vérifie que la liste est toujours d'actualité ; le cas échéant, on ajuste. Et on repart comme en l'an (CAC[4]) 40. Ce petit procédé fort logique fait que les indices tendent à offrir une vision un peu trop optimiste de la réalité. En éliminant régulièrement les sociétés qui ne correspondent plus à leurs critères (parce qu'elles ne sont plus si géniales) et en les remplaçant par celles qui correspondent mieux (parce qu'elles le sont de plus en plus), on procède inévitablement à un écrémage.

---

2. La part du capital réellement disponible sur les marchés.
3. « *Smart* » étant souvent utilisé pour désigner quelqu'un d'intelligent. Ou une voiture.
4. Oh, c'est bon ! Si on ne peut même plus rigoler…

Prenez deux classes de 30 élèves, une Verte et une Rose. À la fin de chaque trimestre, vous sortez les 5 derniers de la Verte pour prendre les 5 premiers de la Rose. À la kermesse de l'école, vous aurez toujours 30 élèves dans chacune, mais la moyenne des Verts sera supérieure à celle des Roses. En même temps, vous aurez extradé les moins bons éléments de l'une vers l'autre (en échange des meilleurs, ce qui n'arrange rien à l'affaire, pour l'équipe Rose).

Indépendamment de ce petit souci commun à de nombreux indices, le CAC 40® est un excellent indicateur, tant que vous vous intéressez à la performance boursière « des grosses capitalisations françaises dont les actions s'échangent comme des petits pains ». Si vous voulez vous forger une opinion sur de plus petites boîtes, allez donc voir le CAC Mid & Small (car je n'ai jamais dit, et pour cause, que le CAC 40® était tout seul dans la famille des CAC®).

Ceux qui s'intéressent à une zone plus large comme l'Union Economique et Monétaire de l'Union Européenne peuvent aller jeter un œil au MSCI EMU (à prononcer à l'anglaise – ème esse si aïe imiou – et pas msqui euhmu) qui est composé d'à peu près 300 sociétés (comme c'est « à peu près », on ne met pas le nombre dans le nom). Je ne vous donnerai pas la liste complète de tous les indices qui existent (on n'a pas la place ici), et vous en trouverez autant que vous voulez sur les plate-formes de courtage, mais vous voyez le principe.

Suivre l'évolution d'un indice donne une idée de celle de la zone qu'il représente, idée plus ou moins pertinente selon qu'elle est quotidienne (franchement, suivre le CAC 40® tous les jours est aussi utile que de se peser tous les matins). Et plus ou moins précise selon l'indice choisi. Quand le monsieur de la télé vous dit que le marché asiatique a progressé de 4 % (par exemple), il ne vous parle pas de la performance de toutes les sociétés de toute l'Asie. Il vous dit que les actions des 50 sociétés qui sont dans l'indice MSCI Asie APEX 50 jugé représentatif ont progressé, quand on fait leur moyenne pondérée, de 4 %.

Mais un indice sert aussi, et surtout, de référence. Pour savoir pourquoi, il va falloir continuer à lire.

# Gestion Passive ou Active ?
# Merci pour la recette !

---

Choisir son type de gestion peut sembler intimidant mais il s'agit de l'un des critères primordiaux lorsque vous sélectionnez un fonds. Globalement, vous avez trois catégories dont les noms sont, pour une fois, très révélateurs : passive, active et absolue.

La **gestion passive** consiste à imiter – le terme exact est « répliquer » – un indice. C'est d'ailleurs pour cette raison qu'on l'appelle également **gestion indicielle**. La meilleure façon d'imiter quelque chose étant encore de faire pareil, le plus simple consiste à copier la liste généreusement mise à votre disposition sur n'importe quel site de courtage, en fonction de la taille de votre budget. Si vous voulez faire un gâteau pour 4 mais que la recette est prévue pour 8, vous divisez toutes les quantités par 2. Pour la gestion passive, le concept est exactement le même. Tant que vous respectez les proportions, cela aura le même goût, juste pas la même taille. Quand la liste change (parce qu'on vous dit que finalement ce n'est plus 10 % de farine de blé mais 10 % de farine de sarrasin), vous faites pareil. Ils changent la liste et remplacent une société par une autre ? Vous faites pareil.

C'est sur ce dernier point que le concept, pourtant on ne peut plus simple, achoppe. Parce qu'entre nous, l'idée n'est pas tant d'imiter un indice que d'imiter sa performance… Vous pourrez retourner le problème dans tous les sens, le fait est que vous devez pour cela faire de vraies transactions dans le monde réel alors que la liste, elle, est totalement virtuelle. Remplacer une société par une autre dans un indice ne consiste jamais qu'à substituer un nom à un autre. Cela ne coûte rien. Alors que dans la vraie vie, il y aura des frais. Tout comme dans la recette, d'ailleurs, qui vous indique parfois le prix sans jamais inclure ce que cela va vous coûter d'aller chercher les ingrédients.

Un détail avant de passer à la gestion suivante… Vous devez savoir que tous les fonds de gestion passive ne font pas de la réplication « pour de vrai » (réplication physique). Des petits malins préfèrent la réplication « synthétique » ; comme pour le tissu, ils font « comme si ». Au lieu d'acheter les titres de l'indice (les 40 du CAC 40® par exemple), le fonds va investir dans des produits financiers dérivés. Ce procédé est plus fréquent pour les fonds investis en obligations car, nous l'avons vu, il peut être difficile de se procurer exactement la même obligation que celle qui est dans l'indice. Sans entrer dans des détails qui vous perdraient à ce niveau de l'histoire, sachez que leur structure vous expose à plus de risques (plus nombreux, pas forcément plus importants). Ne vous affolez pas : le type de réplication, physique ou synthétique, est toujours précisé sur la boîte.

Et puisqu'on en est à faire un aparté sur les obligations, j'en profite pour souligner un petit détail. Les indices obligataires ne peuvent pas être pondérés par la capitalisation boursière des émetteurs puisque tous ne sont pas forcément des sociétés cotées en bourse ; ils sont donc pondérés par la taille de la dette. Copier un indice obligataire revient à prêter plus aux émetteurs les plus endettés.

En **gestion active**, le jeu consiste à choisir un indice et à faire mieux que lui. Vaste programme ! Quand il y arrive, on dit du gérant qu'il surperforme ou qu'il bat son indice. Quand il n'y arrive pas, on dit qu'il sous-performe et on la met en veilleuse.

Disons que je vous donne une recette de base (l'indice) et que votre défi est de faire mieux. Pas différent, mieux (si on est parti sur une tarte aux pommes, vous devez faire une meilleure tarte aux pommes, pas un gâteau au yaourt). Les goûts et les couleurs ne se discutent pas, mais partons du principe que nous saurons tous reconnaître si votre tarte est meilleure que la mienne.

Techniquement, et à condition d'avoir remporté la finale de Top Chef, vous pourriez réussir sans prendre ni pomme ni sucre, mais vous prendriez de gros risques et, franchement, ce serait vous compliquer la vie. Parce que si vous êtes futé(e), et je suis sûre que vous l'êtes, vous partez de ma recette, vous utilisez *grosso modo* les mêmes ingrédients, et vous l'améliorez à la marge (vous mettez plus de sucre, ou vous ajoutez de la vanille, que sais-je ?). Pour ajouter à la complexité de mon petit jeu bien sadique, je rajoute une règle : vous ne pouvez pas prendre autant d'ingrédients que moi... La plupart des indices utilisés comprennent 150-200 valeurs (on n'utilise pas le CAC 40®), alors que les fonds en comptent plutôt dans les 60-80 (rapport au fait que ce n'est pas facile d'avoir une opinion sur 150 valeurs et que ça coûte cher de les acheter/vendre). Pour faire « mieux » tout en restant dans le thème, un gérant doit identifier celles qu'il ne va pas prendre et revoir comment pondérer (quel poids affecter à) celles qu'il garde. Il a souvent le droit d'en prendre quelques-unes qui n'étaient pas dans la liste d'origine.

Bien sûr, même si votre tarte est meilleure que la mienne, rien ne dit qu'elle sera bonne dans la mesure où je n'ai jamais prétendu que ma recette de base l'était. Ça n'a l'air de rien, mais c'est un point majeur qui semble échapper à beaucoup de monde et est source de grandes déceptions. Vous demandez (et payez pour) que votre gérant fasse pareil (gestion passive) ou mieux (gestion active) qu'un indice donné. Pas pareil ou mieux dans l'absolu ! Tant que l'indice en question va vers le haut, cela ne vous trouble pas outre mesure. Mais quand l'indice se prend une gamelle, le bon gérant passif fera juste un peu moins bien (ce qui est pire), et le bon gérant actif un peu mieux (ce qui ne reste pas fameux). Alors quand il se pointe la bouche en cœur, les clients ont un peu de mal à applaudir. Et pourtant, il a fait son boulot !

Les investisseurs qui choisissent la gestion passive ou la gestion active ont en commun de vouloir investir dans un « marché » donné – celui que représente l'indice choisi. Ceux qui pensent qu'il est possible de faire mieux – et sont prêts à payer pour – vont opter pour la gestion active, les autres vont rester sur la gestion passive.

Et la **gestion absolue** dans tout ça ? Elle, elle ne suit pas d'indice. Elle s'en fiche et fait ses petites affaires sans s'en préoccuper. Son objectif est brut de décoffrage : elle ne cherche pas à faire mieux qu'un indice, elle cherche à faire mieux, tout court (5 % ? 50 % ?). Certes, l'idée est alléchante, quoique dans le second cas (50 %), vous avez selon toutes probabilités affaire à un escroc. Mais même dans le premier cas, beaucoup plus raisonnable, les 5 % annoncés sont un objectif, pas une promesse. Tous les sportifs veulent gagner la compétition, seuls trois monteront sur le podium (6 si c'est du tennis en double).

Peut-être dois-je enfin vous préciser que si cela vous tente quand même, vous voulez en fait investir dans un *Hedge Fund*.

# Les Hedge Funds
# Mais pourquoi sont-ils aussi méchants ?

Là, j'ai bien peur que nous ne soyons pas tout à fait en phase, vous et moi. Pour ceux qui pensent que les *Hedge Funds* sont d'horribles groupes d'investisseurs rapaces et avides de profits mal acquis sur le dos de pauvres sociétés rachetées à vil prix pour être morcelées et que tous les salariés soient virés au passage… Désolée, mais ça c'est la version « *Hedge Funds* » du journal de 20 heures le jour où il n'y a ni ouragan ni accident d'avion qui pourrait nous tenir en haleine.

Je ne nie pas que de tels *Hedge Funds* existent et ceux-là méritent amplement leur sale réputation mais j'aime autant vous prévenir que cette façon de voir les choses est extrêmement réductrice. Tous les *Hedge Funds* ne font pas ça, heureusement d'ailleurs.

Un *Hedge Fund* est… un fonds, ça je pense que vous l'aviez deviné. Pour les anglophones, l'autre mot (« *to hedge* ») peut être trompeur, puisqu'il signifie « couvrir » (comme couvrir un risque). Cela vient du fait que le premier Fonds Spéculatif (l'appellation en français, pas franchement plus encourageante) recensé avait adopté une stratégie dite de couverture. En prenant des paris à la hausse (stratégie classique de l'investisseur – j'achète, ça monte, je vends) et à la baisse (par de la vente à découvert – je vends, ça baisse, j'achète), le gérant pouvait jouer sur les deux tableaux et se couvrir du risque que le marché fasse l'imbécile et lui bousille sa performance. Le nom est resté, la stratégie… pas forcément.

Dans un fonds « normal », la stratégie est affreusement simple (à concevoir, pas forcément à mettre en place), nous l'avons vu. J'aimerais beaucoup pouvoir vous résumer en une phrase celle d'un *Hedge Fund*, mais il faudrait pour cela qu'il n'y en ait qu'une. Or il y en a mille (façon de parler).

Il y a ceux qui parient contre le marché, donc, mais aussi ceux qui parient sur des critères macroéconomiques, ceux qui empruntent de l'argent pour l'investir (et font levier…), et ceux qui pas. Il y en a qui font de l'arbitrage, d'autres qui jouent sur plusieurs tableaux. Il y en a même qui vont se baser sur un indice… mais ne vont pas s'en faire une contrainte (contrairement aux gestions passive et active).

L'idée générale étant d'exploiter les failles ou les inefficiences des marchés, ils n'ont aucun intérêt à détailler leur méthode dans ses moindres détails. Ils n'ont aucune envie de se faire copier aussi facilement. Résultat, même quand vous voulez investir dedans, vous risquez une fin de non-recevoir si vous lui posez des questions indiscrètes. Soit vous lui faites confiance, soit pas, mais vous lui fichez la paix (dans la mesure où vous ne travaillez pas pour l'autorité de régulation).

Ce manque de loquacité n'aide pas les *Hedge Funds* à redorer leur image qui pâtit de la généralisation à outrance et de notre méfiance instinctive pour l'innovation financière à laquelle Hollywood contribue largement. S'il n'y a qu'une règle à retenir à leur sujet, c'est que dans les films où on voit des gérants devenir fous, ils travaillent toujours pour des *Hedge Funds*, pas pour des fonds « normaux ». En même temps, niveau suspense, on ne tiendrait pas 2 heures.

En conséquence, vous n'avez aucun moyen de vérifier qu'il gère correctement les différents risques auxquels il vous expose. Ils peuvent pourtant en prendre de sérieux, d'autant que les *Hedge Funds* ne sont pas soumis aux mêmes règles draconiennes et ont le droit d'utiliser plus d'outils que les OPCVMs qui n'ont qu'un accès retreint aux options et autres produits dérivés. Ce petit détail, qui n'en est pas un, peut avoir un impact considérable sur la façon dont vous abordez votre investissement. Même si, *Hedge Fund* ou pas *Hedge*

*Fund*, le pire qui puisse vous arriver est de tout perdre[1], vous avez normalement la possibilité d'arrêter de jouer quand vous voulez avec un fonds normal. En cas de panique – cas typique de la personne qui retire son argent en croyant bien faire alors que c'est souvent la pire décision à prendre – ou tout simplement, en cas de besoin de liquidités, vous pouvez sortir du fonds tous les soirs (ouvrés), sur simple demande de votre part. Dans un *Hedge Fund*, pas toujours, notamment à cause de cette histoire de produits dérivés et de stratégie alambiquée.

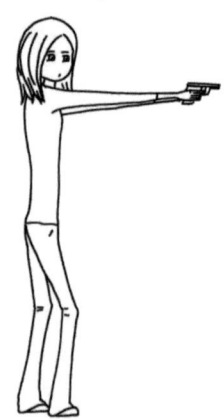

Les gérants ont souvent un plan de bataille censé fonctionner pour autant que tous les soldats prévus restent bien dans le bataillon pendant tout l'affrontement. Pour peu qu'une partie de la troupe décide de rentrer chez elle au premier coup de feu, l'attaque surprise fait un peu un flop. Résultat, les *Hedge Funds* mettent souvent en place des barrières pour empêcher leurs investisseurs de se faire la malle n'importe quand et instaurent des permissions de sortie plus ou moins tôt dans le processus et plus ou moins fréquemment. Cela peut se traduire par une période de plusieurs mois pendant laquelle l'investisseur ne peut pas, sauf grosse pénalité, récupérer ses billes – sauf à les revendre à un autre investisseur – et/ou des fenêtres de tir pendant lesquelles il peut s'échapper (typiquement tous les trimestres) sans se faire abattre à bout portant.

Vous pouvez trouver le procédé un peu autocratique mais que diriez-vous si l'un de vos co-investisseurs décidait de quitter le navire de façon impromptue, obligeant le gérant à céder tout ce qui est facile à vendre (pour lui rendre son argent), vous laissant collé(e) avec tout ce qui ne l'est pas ? Et puis rien ne vous oblige à investir dedans.

---

1. Le fonds peut perdre plus s'il a utilisé des options, mais ce n'est pas votre problème, c'est celui de la société de gestion.

## Pour faire intelligent(e) dans les dîners

On parle de fonds « ouvert » (*open-end*) quand un investisseur peut entrer et sortir du jeu plus ou moins à sa convenance parce que le nombre de parts n'est pas fixe. Quand il veut entrer, on créé une part ; quand il veut sortir, on la détruit. C'est le cas des fonds proposés au grand public (typiquement les OPCVMs).

On parle de fonds « fermé » (*closed-end*) quand un investisseur ne peut sortir du jeu qu'en revendant ses parts à quelqu'un d'autre.

# Qu'arrive-t-il à une société qui sort du CAC 40® ?

À la société ou au prix de son action ? Parce que pour la société, rien, merci, c'est gentil de demander.

Éventuellement, le patron peut se faire un peu sermonner (voire, virer) par les actionnaires qui y verraient la preuve, sinon de son incompétence, au moins de quelques lacunes. Car pour qu'une société sorte du CAC 40®, je le rappelle pour celles et ceux qui auraient la flemme de relire le chapitre sur les indices, c'est qu'elle ne fait plus partie des « 40 plus grosses capitalisations du marché Euronext Paris dont au moins 20 % des actions s'échangent ». En écartant la possibilité que ce dernier critère soit la cause de sa disgrâce (plus personne ne voudrait acheter et/ou vendre ses actions, ce qui est un peu surréaliste ici), c'est probablement parce qu'elle ne fait plus partie des « 40 plus grosses ». Et là, vous dirais-je, cela peut être parce qu'elle a beaucoup maigri ou parce qu'une autre, qui vient d'ailleurs, a encore plus grossi, et fini par prendre sa place. Ce n'est pas marrant, mais ce n'est pas forcément sa faute.

Quoi qu'il en soit, quand on sort une société d'un indice, on n'en sort que son nom. La société, elle, existe toujours. Elle n'a pas disparu dans le néant intersidéral. Sauf à avoir été sortie parce qu'elle est morte, ou a été mangée par une autre, auquel cas je n'ai pas besoin de vous expliquer ce qui lui est arrivé. À moins d'avoir été rachetée par des Actionnaires Privés, elle est toujours cotée en bourse. Elle n'est juste plus sur La Liste. La belle affaire !

D'autant qu'on parle là d'une liste *a priori* sympa qui relève plus de la « bonne société » que de la « bonne action ». On l'appellerait l'indice des 40 meilleures sociétés de France que cela ne vous choquerait pas plus que ça. Mais tous les indices ne regroupent pas systématiquement les fleurons de l'économie (et encore, je me répète, que ceux cotés en bourse).

Prenez un indice qui regrouperait des PMEs (Petites et Moyennes Entreprises). Rien ne dit, *a priori*, qu'une société qui se fait sortir de cet indice le fait par le bas. Le comité de sélection peut très bien considérer qu'elle est désormais trop grosse pour en faire partie. Alors oui, dehors ! Je ne vois pas en quoi c'est une mauvaise nouvelle, même si la société en question est exclue des deux groupes (trop grosse pour les PMEs, trop petite pour le CAC 40®).

Bon, je ne vais pas vous mentir, c'est qu'en plus du côté un peu vexant de l'affaire, se faire dégager d'un indice « Les Meilleures 10, 20, 40, … » peut avoir un effet sur le prix de l'action (d'où l'ire des actionnaires mentionnée plus haut). Pourquoi ?

Mais pardi ! Parce qu'un indice sert de référence à la plupart des investisseurs qui soit le copient purement et simplement (gestion passive) soit s'en inspirent outrageusement (gestion active). Si vous leur changez leur liste, ils sont un peu obligés de suivre le mouvement.

Pas tellement parce que leur opinion sur la société a changé, cela n'entre pas en ligne de compte en gestion passive, mais parce qu'ils sont payés pour faire « pareil que ». Le jour où le comité de sélection décide que dorénavant ce n'est plus du sucre mais du sel, zou ! on vend le sucre et on achète du sel. La question pour eux n'est pas de savoir si le changement est pertinent ou pas. Changement dans la liste il y a, changement dans le portefeuille il y aura. Point de discussion.

Si vous rajoutez à ce mouvement de foule celui des petits investisseurs qui avaient investi dans l'une des sociétés du CAC 40® parce que (je cite) « si elle est au CAC 40®, c'est que c'est une bonne société » (donc, dans leur logique, une bonne action qu'il faut acheter), et qui persistent à appliquer ce raisonnement fallacieux en sens inverse « si on la sort du

CAC 40®, alors c'est que c'est une mauvaise société » donc, tant qu'à faire, une mauvaise action qu'il faut vendre... Et que d'ailleurs, la preuve, son prix a baissé !

Bien sûr que son prix baisse ! Vous avez vu combien de personnes essaient de la vendre en même temps ? Quand tous les propriétaires d'une rue mettent leur maison en vente la même semaine, c'est louche, oui, mais surtout ça fait baisser le prix de chacune. C'est pareil pour les actions. Sauf qu'il n'y a pas ici anguille sous roche (dans le cas de la rue, méfiez-vous quand même). C'est juste un changement dans la liste.

Vous devinez ce qui arrive à l'action de la société qui entre dans l'indice. Celle-ci n'est généralement pas une découverte totale pour la communauté des investisseurs professionnels mais son inclusion va avoir l'effet – momentané – exactement inverse de celui que subissait notre pauvre exclue. Face à l'afflux d'acheteurs contraints, son prix va monter.

Dans ces moments-là, un bon gérant passif se distinguera des autres par son sens de l'anticipation ou de la patience. S'il a deviné à temps (avant) ce qui allait arriver, il aura fait l'échange ; il peut aussi attendre un peu que les choses se calment. Une fois que toutes ces actions auront changé de main dans un sens, dans l'autre, que leurs courbes se seront agitées, leur vie et leur prix vont reprendre leur cours normal.

Jusqu'au prochain changement dans l'indice.

# Frais de Gestion
# Paiera bien qui paiera
# le premier

Quel que soit le type de gestion choisie, à partir du moment où vous confiez votre argent à quelqu'un d'autre pour le gérer, vous allez devoir vous acquitter de frais de… gestion[1] (gérer… gestion, vous saisissez la logique).

Il ne faut pas rêver, les gérants sont des gens gentils, mais ils ne vont pas faire gratuitement le sale boulot, d'autant que cela demande un certain investissement en temps comme en matériel. Plus celui-ci sera élevé, plus cela vous coûtera cher. Fatalement.

La gestion passive (indicielle) est celle qui coûte le moins cher car c'est celle qui nécessite le moins de personnel, surtout quand il ne s'agit au départ que de copier quelque chose qu'ils n'ont pas inventé. Et même en cas de réplication synthétique, les frais de gestion restent dans le bas de la fourchette, parce que ce serait difficile de convaincre un client de payer plus cher pour un résultat équivalent. Vous me direz que c'est un peu de l'argent jeté par les fenêtres s'il ne s'agit que de cela et que vous pouvez faire pareil. Et je vous répondrai que, bien sûr, allez-y ! (On va rigoler). Je ne doute pas que vous soyez parfaitement capable, intellectuellement parlant, de faire tout pareil que la recette. Mais je vous préviens, ça va coincer au niveau des frais de transaction que vous allez dorénavant payer directement. À moins d'avoir l'expérience du gérant

---

[1]. Certaines sociétés vous parleront de « frais courants ». Pourquoi faire simple quand on peut faire compliqué ?

passif (il voit généralement mieux venir que vous le changement dans la liste) et de bénéficier des mêmes économies d'échelle que lui (ses ordres sont nettement plus conséquents), vous y perdrez plus que ce que vous gagnerez en reprenant la main. Pour ce type de gestion, je ne peux que vous recommander de déléguer.

À l'autre bout du spectre (des frais de gestion, pas du fantôme), la gestion absolue est celle qui, potentiellement, coûte le plus cher. Elle nécessite de faire appel à un concentré d'intelligence humaine (celle, supposée, des analystes) dont le prix est, comme chacun sait, particulièrement élevé dans le domaine de la finance et qui s'ajoute aux frais d'une gestion basique.

Compte tenu du prix affiché sur l'étiquette, et pour inciter les investisseurs à leur faire confiance, certains gérants « absolus » proposent différents niveaux de frais selon la performance obtenue. En-dessous d'un seuil, les frais de gestion sont réduits voire nuls… et au-dessus d'un autre seuil (plus haut que le précédent, bien sûr), ils sont élevés. Beaucoup plus élevés. Ils parleront alors de « commission de performance ». Le système est ingénieux, et n'est pas mauvais en soi. Sur le papier, je suis plutôt d'accord pour ne payer qu'en fonction de ce que je reçois (quiconque a déjà dû payer son gérant alors qu'il avait perdu de l'argent comprendra)… mais il peut conduire à des prises de risques que vous n'aviez pas anticipées.

Vous prenez en voiture un riche auto-stoppeur. Pour rendre l'histoire crédible, nous dirons qu'il n'a pas le permis et que son chauffeur

est mort il y a 20 minutes (pas sûre que cela soit plus crédible ainsi, mais passons). Il vous promet de vous rémunérer généreusement à condition que vous mettiez moins de 7 heures – et pas une minute de plus – pour rallier Paris à Marseille. Si vous y arrivez, vous touchez le million[2] ; sinon non.

À hauteur de Vitrolles (soit, normalement, à une vingtaine de minutes de l'arrivée), vous

---

2. Selon Mappy, il faut 7h16… bravo les excès de vitesse !

constatez qu'il ne vous reste plus qu'un petit quart d'heure pour empocher la mise. Que faites-vous ?

Vous laissez tomber parce que vous avez (enfin !) été sensibilisé aux dangers de la route ? Ou vous accélérez pour déposer votre passager place de la Canebière ébouriffé et soulagé de descendre vivant de votre bolide, au risque de le tuer dans un accident ?

Un gérant qui ne sera payé qu'à condition de vous faire gagner 10 % d'ici la fin de l'année ferait face au même dilemme s'il s'apercevait, mi-novembre, qu'il n'est « qu'à » 9 %. Je ne dis pas qu'il accélèrerait forcément, mais qu'on ne peut pas ne pas se poser la question. D'autant que si vous partagez les gains avec lui quand il y en a, rien ne dit *a priori* que la règle s'applique quand ce sont des pertes (qu'en général vous assumez seul). Votre gérant a donc plus intérêt que vous à prendre des risques. Ensuite, rares sont les fonds à n'appliquer aucun frais de gestion fixes du tout, même un tout petit peu, ne serait-ce que pour payer le loyer. Au final le système est intéressant, mais il n'est pas si parfait que cela. Vous me direz que rien ne l'est. C'est vrai : on n'exige pas d'un médecin qu'il s'inocule la variole parce qu'il n'a pas réussi à guérir un de ses patients.

Entre la gestion passive et la gestion absolue, il y a donc enfin la gestion active, qui essaie de tirer son épingle du jeu mais subit des attaques virulentes de la part des partisans des deux autres méthodes. Il faut dire qu'elle promet d'un côté des résultats un peu meilleurs que la gestion passive, mais que cela occasionne du coup des frais de gestion plus élevés. Si les premiers dépassent les seconds, c'est bon, mais le fait est que ce n'est pas toujours le cas et que ce n'est absolument pas prévisible.

C'est le gros problème des frais de gestion : ils sont certains et on vous les annonce **avant**, la performance ne l'est pas et vous ne la connaissez qu'**après**.

Vous trouverez les frais de gestion dans le prospectus du fonds qui vous tente. Ils doivent toujours être clairement indiqués (s'il y a plusieurs prix, c'est le plus cher, les autres sont pour les gros investisseurs).

Pour vous donner une idée, ils tournent souvent autour de 2 % en gestion active (2 % du montant investi total, pas de la performance !).

Et pour vous donner une idée encore plus précise, je vous invite chaleureusement à reformuler à voix haute ce pourcentage en euros. J'insiste : devant celui qui essaie de vous vendre ce fonds (et à m'écrire ensuite pour me décrire la tête qu'il a faite). C'est une chose de dire qu'on va payer 2 % pour la gestion de 100.000 euros ; c'en est une autre de formuler que vous allez lâcher 2.000 euros par an sans être sûr que votre gérant va réussir à en gagner plus. Tant que votre investissement ne gagne pas au moins ce que cela vous coûte de le confier aux bons soins d'autrui, vous êtes perdant.

Passé ce petit moment de franche rigolade, pensez à jeter un œil aux autres frais que vous aurez à débourser, qu'ils soient d'entrée (pour avoir le droit d'investir), de sortie (pour avoir celui de récupérer vos billes quand vous le voulez, surtout en gestion absolue qui peut appliquer des pénalités), administratifs, ou de restaurant (non, le dernier n'est pas vrai). Encore mieux, regardez le *Total Expense Ratio* (TER, également mais très rarement appelé en français TFE pour « Total des Frais sur Encours ») qui les inclut tous.

# Pour faire intelligent(e) dans les dîners

Aucun lien n'a jamais été trouvé entre les frais d'un fonds et sa performance ! Le fait qu'un fonds soit plus cher que les autres n'indique aucunement qu'il est meilleur.

La performance brute du fonds ne prend pas en compte les frais (notamment de gestion). La performance nette est celle que vous empochez (avant de passer par la case Impôts).

Attention lorsque vous investissez dans les fonds de fonds (des fonds qui n'investissent pas directement dans des actions ou des obligations mais dans d'autres fonds qui eux, oui) : les frais peuvent se cumuler.

Petit détail pour celles et ceux qui optent pour des ETFs : il n'y a pas toujours de frais de gestion mais il y a des commissions à payer sur les transactions, comme quand vous achetez directement des actions ou des obligations. Rappelez-vous ce que nous avons vu : les ETFs sont cotés.

# Choisir un Gérant Am Stram Gram, Pic, Dam ! et autres méthodes

Honnêtement, je n'aime pas trop donner de conseils universels. Déjà parce que je n'aime pas trop donner des conseils – s'il y a bien un univers où l'adage qui dit que les conseilleurs ne sont pas les payeurs se vérifie, c'est le nôtre ; ensuite parce que dans ce domaine, les meilleurs avis, donc, sont personnalisés. Mais je sens que je n'y couperai pas, alors voilà.

Comme je ne peux décemment pas conseiller à quiconque n'ayant pas une expérience professionnelle conséquente d'investir tout seul, je suis un peu obligée de vous recommander de déléguer ce boulot. Vous me direz que cela arrive un peu tard dans le livre ! Je pense que vous êtes de toute façon arrivé(e) à la même conclusion que moi et que ce n'est pas parce que vous n'allez pas passer tous vos ordres tout(e) seul(e) que vous pouvez vous dispenser de comprendre ce qui se passe. Laisseriez-vous un chirurgien vous opérer sans qu'il vous explique de quoi ? Je ne pense pas.

Malheureusement, même à ce stade, vous n'êtes pas encore tiré(e) d'affaires, parce qu'il vous faut alors choisir votre fonds parmi tous ceux qui vous sont proposés. Tant que vous confiez votre argent à la filiale idoine du grand groupe bancaire dont vous êtes client(e), cela sera relativement facile. Ils en ont rarement plus de deux ou trois qui se ressemblent vraiment. Mais pour peu que vous ratissiez plus large – ce qui arrive quand on passe par une plateforme de courtage – vous allez avoir le choix. Et il ne sera pas facile à faire. Évaluer la performance d'un gérant est laborieux. Pour vous dire, on en a fait un métier !

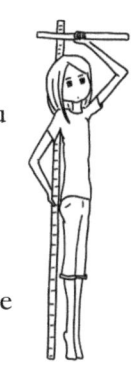

Compte tenu des montants investis, toujours significatifs au moins à vos yeux, l'opération est sérieuse et ne tolère pas les hésitations et les changements d'avis répétés. Vous pouvez quitter un fonds pour un autre, mais changer de crèmerie n'est ni anodin, ni gratuit, ne serait-ce qu'à cause des frais d'entrée et/ou de sortie, ou des coûts de frottement (à chaque fois que vous entrez et sortez d'un fonds, il faut acheter et vendre des titres... et payer des frais sur ces transactions).

L'affaire est donc importante et ce, avant que vous n'investissiez (pour faire le bon choix) mais également après (pour savoir si vous l'avez fait ou si vous devez prendre la poudre d'escampette). Ceci étant posé, parlons sérieusement, même si cela vous parait un peu abrupt : comment allez-vous faire ?

Comme tous les autres, et peu importe que vous investissiez dans des actions, des obligations, ou dans n'importe quelle autre classe d'actifs, vous allez comparer les fonds sur les performances passées. Problème, vous ne pouvez pas investir à rebours, il n'y a pas de faille temporelle. Quand vous comparez les fonds colonne par colonne, vous savez dans quel fonds vous auriez dû investir. Super !

Et vous avez beau scruter la page comme s'il s'agissait d'une carte au trésor, vous passez étrangement à côté de la petite phrase, légalement exigée, qui précise que ces performances passées ne présument en rien des performances futures. Et ils savent de quoi ils parlent. Aucune étude n'a trouvé la moindre corrélation entre les bonnes performances passées et les bonnes performances futures. En français : ce n'est pas parce qu'un fonds a été bon pendant une période qu'il le sera la période suivante, statistiquement parlant.

Le papier publicitaire indique donc, très clairement (quoiqu'en plus petit), que ça ne sert à rien de les regarder si c'est pour savoir quoi faire. Las... L'être humain est ainsi fait qu'il ne peut pas prendre de décision sans avoir le sentiment qu'il le fait sur une base logique, que cela le soit ou non. Vous examineriez la courbe des températures de l'Aveyron en 1987 que cela ne vous serait pas moins utile. Certes, pas plus non plus.

Je vous entends d'ici vous écrier « mais que puis-je faire d'autre ? ». Eh bien n'importe quoi ! Mais en les mettant de côté, vous saurez au moins que votre choix ne repose sur rien de tangible au lieu de vous leurrer avec ce faux sentiment de confiance. Le seul cas où cela pourrait vous servir, ce serait la gestion passive : en comparant les performances du fonds avec celles de son indice, vous pouvez facilement vérifier si le gérant est du genre à bien faire son boulot (rappel : les deux doivent être très, très, proches, et c'est normal si celles du fonds sont un peu en-dessous).

Je le dis ici parce que cela me tient à cœur, mais je sais d'avance que tout cela tombera dans les oreilles de sourds, alors tant qu'à faire, puisque vous allez regarder les performances passées, parlons-en.

Selon la durée d'existence du fonds, les performances présentées remonteront plus ou moins loin dans le temps. 1 mois, 3 mois, 1 an, 5 ans voire depuis sa création. Si on vous présente les performances d'un fonds sur une période totalement improbable (genre, sur 11 mois et demi alors que le fonds existe depuis 3 ans), c'est qu'il s'est pris une murge il y a 1 an et qu'on essaie (maladroitement) de la passer sous silence.

Les investisseurs, fermement chapitrés, savent bien qu'on n'investit pas dans des actions pour trois mois ou même 1 an, mais pour cinq ans, dix ans… Mais il n'y a rien à faire, l'attrait est trop fort et les performances les plus récentes captent tous les regards comme la lumière attire les papillons. Il y a alors ce je-ne-sais-quoi du joueur qui aurait repéré un gérant en veine.

Ce phénomène contribue d'ailleurs largement à un véritable problème. Puisque beaucoup de clients se basent sur les performances récentes des fonds pour faire leur choix, les sociétés de gestion qui ne rêvent que de les attirer dans leurs filets vont se caler là-dessus et grassement remercier les gérants qui lui permettront d'afficher de beaux résultats… même si cela les amène à investir dans des titres sans grande valeur à long terme.

Alors que votre intérêt est que votre argent soit bien investi pour les années à venir, tout est en place pour qu'on se concentre sur le trimestre prochain, ce qui ne fait pas bien loin.

Et donc on fait quoi ? Parce que je râle, je râle, mais je ne propose pas grand-chose. « On » s'interroge et « on » interroge. « On » n'investit pas dans une gestion active ou absolue parce que c'est celle qu'on nous propose mais parce qu'on pense que la stratégie présentée est pertinente et que le gérant a les moyens de la mettre en œuvre. Si « on » n'a pas d'opinion, « on » ne parie pas là-dessus, parce qu'ici « on » ne joue pas au loto.

« On » passe en revue les performances passées pour savoir comment s'en est tiré le gérant sans en tirer de conclusion hâtive, quitte à se faire aider par un proche plus familiarisé avec ces notions.

Et « on » se remet en mémoire les objectifs de son gérant. Souvenez-vous que dans l'immense majorité des cas, vous ne confiez pas votre argent à quelqu'un d'autre pour qu'il le fasse fructifier, mais pour qu'il fasse mieux qu'un indice. Si votre gérant vous a fait gagner 10 % alors que le marché est monté de 15(%), il a été mauvais ! Arrêtez de sourire comme ça. Je me répète, je sais, mais je trouve cela tragique. Que vous l'oubliiez, qu'on vous l'ait fait oublier, ou que pour une raison inconnue, cette notion primordiale ait été comme effacée des 10 choses à savoir dans la vie. Ça, et la recette de la pâte à beignets.

## Pour faire intelligent(e) dans les dîners

Il y a quand même un indicateur qui peut être intéressant à regarder : le *turnover* (qui veut dire pareil en finance que dans la vraie vie, et dont on utilise surtout la version anglaise pour parler du taux de renouvellement). Plus il est élevé, plus le gérant a changé d'avis et acheté/vendu de titres. Il s'est bien amusé, mais à chaque fois, cela vous a coûté de l'argent.

# Les Fonds Ethiques (et tac)

Ce chapitre s'adresse à celles et ceux qui n'assumeraient pas d'être devenu(e)s capitaliste(s) de fait, sinon de conviction. On peut retourner le problème dans tous les sens, à partir du moment où on investit son argent pour le faire fructifier, on capitalis(m)e. Du moins, on essaie.

Comme vous n'êtes pas le premier à vous poser ce type de questions existentielles, auxquelles répond fort bien André Comte-Sponville dans son livre « Le Capitalisme est-il moral ? » (dans les grandes lignes : ni moral, ni immoral, il est amoral[1]), l'industrie financière s'est adaptée en conséquence. Il faut dire que si elle ne l'avait pas fait, elle risquait de voir lui échapper un bon paquet de clients. Cela aurait été, au moins de son point de vue, fort dommage. Bref, pour investir la conscience tranquille, vous pouvez vous orienter vers l'investissement éthique. À ce stade, deux possibilités.

Vous êtes très, très, riche (ou vous êtes en fait un institutionnel, pas un particulier) et avez beaucoup, beaucoup, d'argent à investir. Pas de souci, nous ferons tout comme vous nous direz de faire (dans la limite de la légalité, cela va sans dire). On vous fera un fonds rien qu'à vous et vous pourrez donner vos directives comme bon vous semblera.

---

1. Ça, c'est pour vous faire gagner du temps, mais ça vaut le coup de lire son livre quand même.

Pas de méchante société ? D'accord (mais précisez). Pas de société dont le nom commence par un R² ? D'accord aussi (mais, euh... vous allez bien ?).

Vous n'êtes pas très, très riche (vous n'avez pas plusieurs dizaines de millions d'euros à nous confier). Pas de souci non plus, nous avons certainement ce qu'il vous faut dans notre rayon prêt-à-porter, et vous trouverez certainement le fonds éthique qui vous sierra le mieux dans la rubrique idoine souvent désignée par le sigle ISR. C'est le plus répandu, à prononcer lettre par lettre, et qui désigne l'Investissement Socialement Responsable.

On distingue généralement l'ISR dit « thématique » de l'ISR dit « *Best-In-Class* » (littéralement, « meilleur de la classe »). Le premier investit dans les sociétés qui font des choses bien ; le second dans celles qui font bien les choses.

**L'ISR thématique** investit, comme son nom l'indique, par thème(s). Dans le cas des fonds éthiques ce sera typiquement dans des entreprises dont l'activité est bénéfique à la planète. Vous y retrouverez par exemple des fonds axés sur les énergies alternatives (des panneaux solaires, des éoliennes, ...), ou sur le traitement des déchets et le recyclage. Ce n'est ni plus ni moins que de la discrimination positive et c'est en général la méthode qui vient le plus spontanément à l'esprit d'un investisseur qui se veut éthique. Ou de celui qui se fiche éperdument de la planète, mais qui pense que ces secteurs ont de beaux jours devant eux grâce à l'engouement des écolos.

Cette approche étant assez drastique – le nombre de secteurs répondant aux critères étant relativement réduit, malheureusement – la méthode peut être inversée. Au lieu de se restreindre à quelques secteurs, on peut investir dans tous, sauf... (remplissez le blanc par ce que vous voulez). En général, cela tombe sur l'alcool, l'armement et les jeux de hasard. Ces secteurs sont quasi-systématiquement interdits dans les

---

2. Lettre donnée ici totalement au hasard, n'essayez pas d'y deviner une cabale particulière.

**fonds** dits **à exclusion**[3]. C'est de la discrimination tout court. La plupart des fonds basés sur des principes religieux adoptent cette approche. Ce type d'investissement ISR s'adresse plutôt aux investisseurs qui sont moyennement emballés par l'idée que leur argent serve à des coquins, mais qui trouvent un peu risqué de se restreindre à trois ou quatre secteurs. Charité bien ordonnée commence par soi-même.

C'est sur cette logique que prospère l'**ISR Best-In-Class** qui permet de continuer à investir dans tout et n'importe quoi (sauf s'il y a des secteurs exclus), mais à condition que les sociétés agissent de façon correcte envers leurs parties prenantes : la planète, certes, mais aussi leurs employés, et les petits enfants qui habitent à côté de leur centrale. Selon leurs efforts envers tous ces braves gens, animaux et fleurs, les sociétés sont classées, par secteur, et les plus mauvaises sont sorties du lot : le gérant n'a le droit d'investir que dans celles qui se conduisent le mieux, les meilleures de (leur) classe. D'où le nom de « *Best-In-Class* ».

Bien évidemment, mieux ne veut pas forcément dire bien. On se retrouve parfois dans des situations totalement kafkaïennes quand, au sein d'un secteur, toutes font objectivement de beaux efforts (mais la règle dit qu'il faut en sortir par exemple une sur trois)… ou quand dans un autre, aucune ne mérite franchement d'être sélectionnée (mais les moins pires le pourront quand même). Dans la même veine, lesdites sociétés s'étant rendues compte de l'intérêt suscité par ce courant alternatif, elles se sont mises en ordre de marche pour témoigner au monde financier de leur bonne foi. La main sur le cœur elles défilent toutes dans des opérations de communication dignes d'un congrès du Parti en Corée du Nord où nous apprenons à quel point elles prennent l'affaire au sérieux. Il va de soi que c'est souvent le cas, et que de vrais efforts ont été faits. Vous devinerez bien sûr que toutes ne nous parlent pas que du nettoyage des rivières qu'elles polluaient autrefois (excellente initiative), mais aussi de l'après-pétrole, ou d'improbables campagnes de sauvegarde des caribous

---

3. Les règles varient selon les fonds mais on considère généralement qu'une société est dans un secteur « interdit » quand celui-ci représente au moins 5 % de son chiffre d'affaires (ses ventes).

quelque part dans un pays froid. Nous parlons entre nous de « *greenwashing* » (« nettoyage vert ») : la société veut se faire plus verte qu'elle n'est en réalité.

L'ISR « *Best-In-Class* » est le préféré des grands investisseurs qui veulent rester exposés au marché (le vrai, le grand, l'unique) et pas juste à l'eau, ou au vent.

Ce n'est ni par conviction ni par souci moral que les banques et les sociétés de gestion se sont mises à proposer des produits ISR à leurs clients, mais bien parce que ceux-ci, issus d'une génération désenchantée, ont commencé à poser des questions (gênantes) sur l'utilisation qui était faite de leur argent.

Pour finir, si à ce stade de votre lecture vous n'êtes toujours pas convaincu(e) et vivez toujours mal le fait d'avoir de l'argent en trop, contactez-moi. Je vous communiquerai les références du compte bancaire sur lequel vous pourrez vous délester de cette monstrueuse richesse qui vous embarrasse tant. Croyez-moi sur parole, j'en ferai (bien) des choses bien.

# Pour faire intelligent(e) dans les dîners

Un fonds ISR peut être investi en actions comme en obligations. Comme il y a moins de sociétés cotées (qui ont émis des actions) que de sociétés qui ont émis des obligations, le tri est en général plus sélectif. Il y a moins de sociétés à surveiller...

Certains fonds ISR obligataires investissent également dans les marchés Souverains. La sélection est alors souvent basée sur les notes données par les agences supranationales et les critères relèvent typiquement du respect des droits de l'homme (peine de mort ? torture ? pas bon).

Vous pouvez enfin jeter un œil aux obligations « climatiquement » responsables qui visent à financer des projets de transition énergétique, ainsi qu'aux obligations « socialement » responsables qui sont plus récentes. La première connue date de 2010 et a servi à financer une association dont l'objectif était de diminuer le taux de récidive d'ex-détenus de la prison de Peterborough en Grande-Bretagne. Je ne sais pas si cela fonctionne vraiment, mais au moins c'est *fun*.

# AVANT DE NOUS DIRE ADIEU...

# Arnaques, Manipulations et Friponneries

Au sens large, un initié c'est quelqu'un qui sait plus de choses que les autres, quel que soit le sujet. Vous, lecteurs, êtes tous des initiés dans vos domaines. Il y en a qui sont des petits cadors en cuisine, d'autres en automobile, … Ne serait-ce que par rapport à moi, vous êtes des experts.

Dans le cadre qui nous intéresse (petit rappel amical : les marchés), un initié est quelqu'un qui sait des choses que les autres n'ont normalement aucun moyen (légal) de connaître. Ce n'est pas un délit en soi, c'est même inévitable. Le PDG d'une société sait plus de choses que vous sur la société qu'il dirige. C'est tout à fait normal et heureux ; le contraire serait inquiétant.

Ma grand-mère disait « Mentir, c'est cacher la vérité à qui doit la connaître ». Sous-entendu, si je pense que cela ne te regarde pas, je peux te raconter tous les bobards que je veux. Je trouvais cela fort pertinent. J'ai réalisé plus tard que j'étais dans la catégorie de ceux que cela ne regardait pas... Mais je reconnais bien volontiers que nous avons tous droit à notre jardin secret. En l'occurrence, celui d'une entreprise, et de son PDG, concerne toutes les informations que ses concurrents rêveraient de connaître à son sujet. Il peut s'agir d'une innovation technologique révolutionnaire sur le point de sortir du labo par exemple. Il est parfaitement normal que lui soit au courant (c'est son boulot, quand même !), mais nous n'avons absolument pas à en être informés tant que le brevet n'est pas déposé.

L'initié commet un délit quand il utilise des informations que lui seul (et ses meilleurs copains au boulot) est en mesure de connaître pour en retirer un avantage sur les autres. En général, dans notre domaine, il s'agit d'un avantage pécuniaire. Si personne d'autre n'est au courant que la société va bientôt exploiter son nouveau brevet révolutionnaire, il est assez évident que l'action va faire un bond en avant le jour où le marché le saura.

Acheter un bon stock d'actions pour se constituer un petit pactole au moment où l'information sortira est une infraction : un délit d'initié.

Tout comme vous en commettriez une si vous remportiez le grand concours de la Tarte d'Or parce que vous étiez le(la) seul(e) candidat(e) à savoir que le président du jury était allergique aux fraises (et pour cause, vous êtes son médecin). Que vous soyez un véritable cordon bleu et moi une bille en cuisine n'a aucune importance : les livres de cuisine sont accessibles à tous et il ne tenait qu'à moi de me coltiner les longues heures d'apprentissage aux fourneaux pour atteindre votre dextérité.

Que vous soyez en possession d'une telle information, relativement cruciale au vu de votre relation avec ledit jury et que vous avez obtenue parfaitement légalement, n'est pas problématique en soi non plus. Ce qui l'est c'est le fait que vous l'ayez utilisée et que vous ne pouviez pas ignorer que cela vous ferait gagner.

L'éthique exigeait que vous refusiez de participer au concours tant que l'information n'avait pas été diffusée à tous les participants. Dans ce cas très précis, il n'était pas envisageable d'en faire abstraction et d'empoisonner votre patient. En finance, vous avez le droit d'acheter des actions même si vous savez qu'elles vont se prendre une gamelle. Mais ce n'est pas très malin.

Pour peu que vous soyez au courant du fait que le malheureux est également affecté d'un herpès, l'information reste confidentielle (rapport au secret médical), mais n'a cette fois aucune importance dans le cadre du concours. Nul besoin d'exiger de lui la transparence la plus totale sur son dossier médical.

Le PDG d'une entreprise sait toujours plus de choses que vous sur sa société. Cela ne veut pas dire qu'il n'a jamais le droit d'acheter ou de vendre ses actions. En tant que « personne privilégiée », il n'a simplement pas le droit de le faire n'importe quand. S'il a connaissance d'une information qui aura un impact significatif sur le cours de l'action, il doit attendre que tous les actionnaires soient mis au courant. Cela vaut pour les informations ponctuelles surprises, mais aussi pour celles qui sont plus attendues comme les résultats (trimestriels, annuels). Tout le monde sait à peu près quand elles vont tomber, mais les initiés savent avant les autres si c'est plutôt sur les pattes ou plutôt sur la tête. Ils n'ont plus le droit de vendre leurs actions dans les jours et semaines qui précèdent les publications officielles (ni lui ni personne de sa famille).

Je m'étonne toujours que des gens se fassent prendre la main dans le sac alors qu'il est évident que l'Autorité des Marchés Financiers (AMF) fera une enquête sur toute personne qui aurait eu la « chance » incroyable d'acheter des actions juste avant l'annonce d'une OPA, ou de revendre les siennes juste avant celle d'une faillite.

Notez que diffuser tout ce que l'on prétend savoir à propos d'une société sous prétexte de partager l'information n'est pas forcément une idée lumineuse non plus. Raconter à qui veut bien l'entendre que telle ou telle est sur le point de déposer le bilan (histoire de faire plonger l'action) ou sur le point de se faire racheter (histoire de la faire monter) est de la manipulation pure et simple du marché. Et c'est illégal, même si ce n'est pas vrai.

Là aussi, l'AMF viendra faire un tour, parce que l'AMF enquête sur tous les événements inhabituels (du moins, essaie), qu'il s'agisse d'une fraude ou d'un accident de type « gros doigt » (l'opérateur a fait une boulette en tapant sur son clavier) parce que son doigt est plus gros que la touche de son clavier. Ou parce qu'il ajoute trop de zéros, transformant des millions en milliards. Ce type d'incident n'est pas limité aux marchés financiers comme votre servante l'a découvert le jour où elle a réalisé qu'elle n'avait pas commandé 6 rouleaux de papier toilette, mais 6 paquets (de 12).

Les délits d'initié et la propagation de rumeurs sont certainement les fraudes les plus évidentes sur le marché, mais ce ne sont ni les seules, ni les plus subtiles ; vous devez vous méfier de tout et de tout le monde. Cela peut être un courtier qui décide de passer avant son client qui veut faire un gros achat (front-running). Cela peut être une ou deux personnes qui se vendent et s'achètent à tour de rôle les mêmes actions histoire de faire croire à tout le monde qu'elles font l'objet de beaucoup de transactions (« *wash trading* »). Comme sur les marchés, on peut voir quoi, combien, et à quel prix, mais pas à qui, il y en a régulièrement qui tentent le coup.

Les petits malins n'étant ni moins nombreux ni plus bêtes sur les marchés qu'ailleurs, il faut bien surveiller. Le jeu est déjà assez compliqué comme ça pour qu'on ne tolère pas en plus que des zozos viennent semer la zizanie.

## Pour faire intelligent(e) dans les dîners

L'AMF – Autorité des Marchés Financiers – est l'organisme chargé de surveiller les marchés en France. Elle est née de la fusion entre la Commission des Opérations de Bourse (COB) et du Conseil des Marchés Financiers (CMF), votée en 2003. Son équivalent américain est la SEC (*Securities Exchange Commission*).

L'AMF collabore au niveau européen avec l'Autorité européenne des marchés financiers (connue sous son nom anglicisé ESMA) et au niveau global avec l'OICV (Organisation Internationale des Commissions de Valeurs ; IOSCO en anglais) où se retrouvent et se concertent les régulateurs des pays membres (quasiment tous les pays) pour déterminer les meilleurs pratiques et émettre des recommandations.

# Bienvenue dans la 4e dimension

En décembre 1995 on retrouvait les corps de 16 personnes dans le massif du Vercors. L'enquête allait révéler qu'il s'agissait, pour une bonne part, de notables ayant reçu une éducation poussée, et en totalité de personnes au moins normalement intelligentes. Et pourtant, toutes s'apprêtaient à partir pour Sirius (cela aurait été une planète, je ne dis pas, mais c'est une étoile ! Qui a envie d'aller sur une étoile ?) en passant par la forêt et une balle dans la tête ; et pas une n'a pensé à prendre sa brosse à dents. L'histoire est dramatique et mon propos n'est ni d'en rire ni d'occulter la douleur de leurs proches restés derrière sur Terre, désemparés devant la crédulité et la mort des leurs. Mais elle m'interpelle parce que je me dis que, quand même !, les gens ne sont pas débiles et qu'on ne peut pas leur faire gober n'importe quoi. Cette tragédie prouve qu'apparemment, si.

Et je ne peux pas m'empêcher de faire le rapprochement avec le monde de la bourse, où gravitent bon nombre de personnes parfois très intelligentes (mais pas toujours) fascinées par les promesses qu'il semble receler. L'univers des marchés partage avec ceux de la spiritualité et de la politique la particularité qu'on ne peut s'y défaire d'une part d'irrationnel.

Quiconque lit aujourd'hui le script de l'affaire Madoff se marre devant la naïveté de ses clients et, ce qui est plus inquiétant, de celle de bon nombre de professionnels qui traitaient avec lui.

Comment se fait-il qu'à l'époque, autant de monde ait cru à ses fariboles ? Comment est-il concevable qu'ils n'aient pas tiqué, au minimum, sur les performances affichées ? On peut faire de bonnes performances, certes, mais pas les mêmes tous les mois, tous les ans. Pas sur les marchés.

Comment est-il possible que la SEC (le shérif de la bourse américaine) n'ait pas plus réagi que cela aux alertes désespérées lancées par un certain M. Markopolos (le nom est vrai) ?

Ou qu'ils aient accepté les réponses évasives du responsable (« vous êtes trop bêtes pour comprendre, laissez-vous donc tondre sans bêler »[1]) ? Tous n'étaient pourtant pas des débiles profonds.

Le bilan : une fraude de plusieurs dizaines de milliards de dollars (on l'estime à plus de 60), sur le dos de victimes qui avaient investi comme elles auraient joué au loto, ce qui, techniquement, est un peu le cas puisque c'est le principe de l'escroquerie utilisée. Avec une Pyramide dite de Ponzi (du nom de Charles Ponzi, arrêté dans les années 20 pour en avoir construit de belles), les victimes apportent leur argent qui sera redistribué à quelques-uns. Ça marche avec le loto parce que tous les joueurs sont au courant et abandonnent sciemment leurs droits sur leur mise de départ (d'où le fait que ce jeu soit légal). Ça s'effondre quand c'est une Pyramide de Ponzi parce qu'un beau jour, il y a trop de participants qui veulent retirer leurs sous par rapport à ce que l'escroc arrive à attirer avec ses folles promesses.

Dans cette histoire, les victimes sont aussi responsables de n'avoir pas creusé le sujet. On pourrait presque dire que c'est bien fait, mais nous ne le ferons pas (fort) parce qu'elles ont payé le prix et que bon, certaines sont ruinées quand même…

Même sans aller jusqu'à ces extrémités, la bourse reste un endroit fascinant où la logique s'efface, mais où tout le monde prétend le contraire.

Qui voudrait acheter une maison simplement parce que son prix augmente ? Une action est un bout de société : plus son prix augmente, moins l'affaire est intéressante. Et pourtant, regardez ! Plus le prix d'une action monte, plus les gens ont envie de l'acheter. Pourquoi ?

---

1. La traduction, peut-être approximative, est de l'auteur.

Qui voudrait que toutes ses ressources financières dépendent de la même chose ? Et pourtant, on ne compte plus les employés qui investissent leur Plan Épargne Entreprise dans les actions de leur boîte – souvent parce que ça les rassure d'avoir l'impression de connaître l'objet de leur investissement, alors qu'ils ne connaissent que leur service. Le seul avantage à procéder ainsi c'est que cela facilitera les calculs le jour où il y aura un problème (et le total est de… 0).

On voudrait tellement croire la discipline pure et scientifique, qu'on finit par faire « comme si ». Comme si elle était déconnectée de notre humanité inconstante et… irrationnelle. Comme si nous choisissions toujours l'allocation la plus adaptée à notre situation et comme si nous étions tous parfaitement diversifiés.

Heureusement, une discipline est apparue ces dernières années et tout porte à croire qu'elle a de beaux jours devant elle : la finance comportementale analyse ces petits dysfonctionnements qui font tout le charme de notre humanité mais pourrissent nos tentatives d'enrichissement.

Elle n'occupe pas encore la place qui lui est due, et les experts nous concoctent chaque jour de nouveaux modèles mathématiques bien huilés pour remplacer, espèrent-ils, les précédents devenus inutiles parce que trop théoriques, ou faux parce les hypothèses de départ étaient erronées. Comme lorsqu'un modèle statistique annonce qu'un événement est tellement improbable qu'il ne va pas arriver. Alors que si, comme l'a découvert le fonds spéculatif LTCM en 1998 (pour qui il a fallu aligner presque 4 milliards histoire qu'elle n'entraîne pas tout le monde dans sa chute). Ce n'est même pas une question d'intelligence : il y avait deux Nobel (d'économie bien sûr…) aux commandes.

Oui, le prix des maisons peut s'effondrer en même temps dans toute l'Amérique. C'est vrai, c'est toujours facile à dire après coup. Je vais être honnête, je ne travaillais pas sur les produits qui empaquetaient les dettes faites aux subprimes. Mais on me les avait expliqués. Et non, je n'avais pas vu la faille. Depuis, oui et, bon, je n'avais pas passé des heures dessus non plus.

Ceci dit, puisque je vous raconte ma vie, le jour où on m'a annoncé qu'il y avait un trader qui avait quelques soucis à la Société Générale de l'ordre de plusieurs milliards (c'était encore un secret bien que très mal gardé), j'ai répondu quelque chose comme « Pff... N'importe quoi ». C'est vous dire ma sagacité. Mais au moins, j'en ai conscience ! Et je tiens à ce que vous aussi.

Personne, et je dis bien personne, ne peut affirmer avec certitude, comment le marché va se comporter à l'avenir. On peut essayer de l'anticiper, mais on ne peut pas l'affirmer. Quiconque prétend le contraire  est un menteur. Tout investissement est un pari et comporte donc des risques dont vous ne pouvez vous passer d'en comprendre les tenants et les aboutissants. La meilleure façon de savoir si vous êtes prêt(e) à prendre les risques qui en découlent est de vous assurer que vous savez comment votre investissement va se comporter en fonction de la conjoncture. À défaut de connaître les circonstances d'avance, assurez-vous de savoir au moins ce qu'elles provoquent. Est-ce que vous conduiriez une voiture sans savoir si le bouton *start/stop* la fait démarrer ou s'arrêter ? Les deux, mais pas en même temps.

Sinon, si vraiment vous voulez un conseil pour investir votre argent : n'investissez que ce que vous pouvez vous permettre de perdre.

Voilà, ceux qui n'étaient venus que pour ça auront au moins été obligés de se palucher tout le livre pour y arriver.

# REFERENCES

AGLIETTA Michel et REBERIOUX Antoine. *Dérives du capitalisme financier.* Paris : Albin Michel, 2014, 394 p.

COMTE-SPONVILLE André. *Le Capitalisme est-il moral ?* Paris : Le Livre de Poche, 2006, 251 p.

CONSEIL DES COMMUNAUTES EUROPEENNES. *Directive 85/611/CEE du Conseil du 20 décembre 1985 portant coordination des dispositions législatives, réglementaires et administratives concernant certains organismes de placement collectif en valeurs mobilières (OPCVM).* JO n° L 375 du 31 décembre 1985, 11 p.

DEMARIA Cyril. *Introduction to Private Equity: Venture, Growth, LBO and TurnAround Capital.* Second Edition. Chichester, UK : Wiley, 2013, 408 p, **édition** Kindle.

DISLEY Emma et al. *The payment by results Social Impact Bond pilot at HMP Peterborough: final process evaluation report.* London, UK : Ministry of Justice, Ministry of Justice Analytical Services, 2015, 73 p. Disponible sur Internet : <http://www.justice.gov.uk/publications/research-and-analysis/moj> (consulté le 15 mars 2017).

ESMA, *Annual Report 2015.* 80 p. Disponible sur Internet : <https://www.esma.europa.eu/sites/default/files/library/2016-960_esma_annual_report_2015.pdf> (consulté le 7 mars 2017).

EURONEXT. *Euronext* [en ligne]. Disponible sur : https://www.euronext.com/ (Consulté le 25 novembre 2016).

FRUTKIN Jonathan. *Equity Crowdfunding: Transforming Customers into Loyal Owners.* Cricca Funding LLC, 2013, 220 p, **édition** Kindle.

GRAHAM Benjamin. *The Intelligent Investor*, Revised edition, New York, NY : HarperBusiness, 2006, 640 p.

HAMMOND P. Brett, Jr., LEIBOWITZ Martin L., et SIEGEL Laurence B. *Rethinking the Equity Risk Premium*. Charlottesville, VA : Foundation Publications, CFA Institute, 2011, n°4, 154 p. Disponible sur Internet : <http://www.cfapubs.org/doi/pdf/10.2469/rf.v2011.n4.full> (consulté le 1ᵉ septembre 2016).

MAKOUJY Rick. *How to Read a Balance Sheet*, New York, NY : McGraw-Hill Education, 2010, 209 p, **édition** Kindle.

MINISTERE DE L'ECONOMIE ET DES FINANCES. *Article L232-11 du Code du Commerce Modifié par la Loi n°2003-7 du 3 janvier 2003 art. 50 (V)*. JO du 4 janvier 2003, 1 p.

MINISTERE DE L'ECONOMIE ET DES FINANCES. *Article L433-3 du Code du Commerce Modifié par la Loi n°2014-384 du 29 mars 2014*. 2 p.

QUIRY Pascal et LE FUR Yann. « Comment les entreprises cotées rachètent-elles leurs actions ? ». *La Lettre Vernimmen.net*, mars 2016, n°138, 11 p. Disponible sur Internet : <https://www.vernimmen.net/Lire/Lettre_Vernimmen.php> (consulté le 24 février 2017).

S&P GLOBAL RATINGS. *S&P Global Ratings Definitions*. Standard & Poor's, 2016, 45 p. Disponible sur Internet : < https://www.standardandpoors.com/en_EU/delegate/getPDF?articleId=1663724&type=COMMENTS&subType=REGULATORY> (consulté le 24 février 2017).

SCHACHT Kurt N., JD, CFA. « Should Bonds Trade More Like Equities? ». *CFA Magazine*, September 2016, vol. 27, n°3, p. 51.

SPRINZEN Scott et AZARCHS Tanya. *Why Was Lehman Brothers Rated 'A'?*. Standard & Poor's, 2008, 6 p. Disponible sur Internet : <http://www.finanzaonline.com/forum/attachments/obbligazioni-titoli-di-stato/1291170d1281712793-comitato-fregati-lehman-brothers-i-r-o-l-b-iscrizione-news-vol-xxix-la-svolta-s-p-su-lehman_brothers-24-9-08.pdf> (consulté le 27 novembre 2016).

TENNANT Chad. *Crowd me the Money*, CreateSpace Independent Publishing Platform, 2013, 114 p, **édition** Kindle.

WALTER Ingo. *The Industrial Organization of the Global Asset Management Business*. Charlottesville, VA : Foundation Publications, CFA Institute, 2015, n°5, 95 p. Disponible sur Internet : <http://www.cfapubs.org/doi/pdf/10.2470/rf.v2015.n5.1> (consulté le 27 janvier 2017).

ZAMANSKY Jake. « High Frequency Insider Trading - And It's Completely Legal ». *Seekingalpha.com*, juillet 2013. Disponible sur Internet : <http://seekingalpha.com/article/1546712-high-frequency-insider-trading-and-its-completely-legal> (consulté le 12 juillet 2013).

# L'auteur

Dans la vraie vie, et avec son vrai nom, l'auteur est une personne super sympa qui n'aime pas se prendre la tête, ni celle des autres d'ailleurs.

Un peu obligée de comprendre des choses pas super *fun* de prime abord pour gagner sa croûte, elle s'est dit, au passage, que cela pouvait être très utile à tout un tas de personnes. Peut-être même à vous.

Alors, au cas où, et après avoir écrit *Mon Argent et ma Banque : les clefs pour mieux comprendre* (Éditions Vigot), elle a aussi écrit celui-ci.

On dit merci.

©2017, Louise Parde

Éditeur: BoD - Books on Demand,

12/14 rond-point des Champs Élysées, 75008 Paris

Impression: BoD-Books on Demand, Norderstedt, Allemagne

ISBN : 978-2-322-08225-4

Dépôt Légal : septembre 2017